풍수지리학
실전 원리

풍수원리강론을 기반으로 한 전문 풍수인 관산 기법

풍수지리학 실전 원리

박재희 지음

비봉
풍수지리궁구
협회

좋은땅

머리말

풍수지리학에서 터를 보는 일반적인 방식은 풍수의 기본 원리에 의해 고안된 방법 및 도구 등을 활용하여 눈으로 보고 판단하는 간법(看法)을 주로 활용하지만, 전문 풍수인들은 간법과 더불어 마음으로 읽는 관법(觀法)도 함께 다루고 있기에 풍수 답사를 하는 명칭을 풍수학회에 따라 간산(看山) 혹은 관산(觀山)이라는 명칭을 달리하거나 혼용하여 사용하기도 한다.

필자가 기술한 책 내용에 있어선 '비봉풍수지리궁구협회' 답사에서 적용하고 있는 풍수 원리인 '풍수 에너지장론'에 의한 간법과 더불어 관법의 내용을 함께 담고 있다. 이는 사물을 바라보는 공간의 개념을 물리 역학적(力學的) 운동법칙 질서에 입각하여 간법을 통해 측정하고 시공간적 관법을 통해 산의 의지를 역학적(易學的)으로 함께 들여다보는 직관적이면서도 정확성을 기하는 방법론을 취하기 위해서다.

풍수인들이 산과 터를 눈으로 보고 판단하는 간산법(看山法)과 나 자신의 영적 마음으로 산의 의지를 읽는 관산법(觀山法) 중 어느 하나의 기법만을 사용하는 것은 정확성을 기하는데, 제한적이기 때문에 간법과 관법을 동시에 활용하여 산을 볼 수 있도록 함께 다룰 수 있어야 한다. 실제 풍수지리학은 간산을 하기 위한 여러 분류의 원리와 패철(나침반)과 같은 도구들을 활용한 방법들이 존재하지만, 그 모든 것을 섭렵하여 익힌다는 것은 어려운 일이기도 하며, 지형적 특성에 따라 풍수 이론 간 서로 상충하는 부분들도 있어 자칫 잘못 판단하는 오류를 범할 수도 있다. 그래서 우리나라 산세에 적합한 최적의 방법론을 선택하여 활용하는 지혜가 필요하다.

즉 풍수지리학을 전문적으로 배우고자 한다면 이러한 부분들을 고려해야 하며, 무엇보다 간·관법을 병행한 습득만큼은 반드시 거쳐 가야 하는 관문이다. 특히 관법을 깨닫기 위해선 많은 시간과 노력이 필요하다. 이에 본 책은 전문 풍수인이 되고자 하는 분들을 위한 실전용 입문서이자 방법론적 수련 과정의 안내서가 될 것이며, 인연이 닿는다면 비봉풍수지리궁구협회의 정기적 관산 참여를 통해 그 기법들을 연마하는 데, 많은 도움이 될 것이다.

여러 풍수학회에는 우수한 능력과 지식을 갖춘 학자 및 술사를 비롯한 선구자적 역할을 하는 분들이 많이 있다. 하지만 풍수를 악용하는 초심자나 반풍(푼)수 인들로 인한 사회악이 되거나 미신적 요인으로 오인되는 경우로 인하여 일반인들이 풍수 기법을 익히고 활용함에 있어 반감적이거나 제한적이 되기도 한다. 더욱이 현대에 이르러서는 풍수지리학이 역사적 고증을 위한 접근 외에는 학문으로 인정을 받기에는 제한적이기 때문에 풍수를 실생활에 적용하고 활성화하기에는 어려운 것이 현실이지만, 풍수지리 학문이 품은 인의예지신(仁義禮智信)의 진정한 의미를 깨닫고 실생활에 정확히 적용하여 사용한다면 한층 더 풍요롭고 건강한 삶의 영위가 될 것이다.

　내용의 구성은 '풍수 에너지장론'의 원리를 중심으로 터를 분석하는 순서에 맞추어 풍수지리 이론과 기법들을 익힐 수 있도록 기술하였으며, 어려운 풍수 용어의 이해를 돕기 위해 각 장의 단락마다 용어 풀이를 함께 실었다. 또한 단계별 응용적 요령과 풍수의 비문(祕文)에 가까운 내용들을 제공하여 실전에 활용하고 응용하는데, 도움이 되도록 하였다.

　본 저서가 출간되기까지 깊은 가르침과 집필을 허락해 주신 황영웅 교수님께 깊은 감사를 드리며, 내용의 정확성을 기하기 위하여 감수를 맡아 주신 임덕근 회장님의 노고에 진심으로 감사를 드리는 바이다. 독자분들 중 보다 폭넓고 깊은 궁구를 통해 전문 풍수인이 되고자 하는 분이 계신다면 본 저서를 통한 실전 원리 이해와 더불어 본 책의 근간이 되는 황영웅 교수의 저서인《풍수원리강론》을 필독하여 풍수지리학의 이해의 지평을 넓히고 전문 풍수인으로 가는 과정에 큰 혜안을 얻길 기원한다.

2024년 여름
玹汕 박재희

　자연 에너지 인자들의 순화 과정을 통해 나의 운명을 개선하여 바꿀 수 있는 학문이 풍수지리학으로 나에게 필요한 자연환경 에너지를 얻기 위한 집터 및 좋은 공간에서의 생활과 조상 에너지를 동조시키는 조상 묘터의 선정 등을 하기 위한 역학(力學)의 한 분야이다. 또한 풍수는 단순히 명당의 좋고 나쁨만을 찾기 위함이 아니라 모든 상(相)의 세력과 균형 의지를 살펴볼 수 있는 역학(易學) 체계를 갖추고 있기에 사람 간의 인연 관계에도 적용하여 상생상화의 좋은 결과를 얻을 수 있는 인류 최고의 학문이라 할 수 있다.

　풍수지리학을 배우기 위해서는 터를 보고 판단할 수 있는 실전의 단계별 과정을 익혀야 한다. 전체적 지형을 읽고 방위로 둘러보며, 기운의 흐름을 느껴서 분석해야 한다. 그런 후 숨겨진 파형(波形)을 함께 보면 균형된 안정처를 짚을 수 있다. 이것이 풍수가 말하는 장풍득수의 명당 터를 찾는 길이다. 다만 실전의 숙련 과정에서 한 가지 방법론에 치우치게 된다면 물형론에 눈속임을 당하거나 이기론의 패철 놀음에 빠지기도 하고 형기론과 지형론에 의한 그릇된 속단이나 수맥론에 의존하여 모든 것을 놓치는 우를 범하게 되니 유의토록 한다. 또한 간법과 더불어 마음으로도 볼 수 있는 관법의 경지에 오르도록 끊임없는 궁구와 연마를 해야 한다. 그 과정에 당신은 전문 풍수인으로 거듭날 것이다.

차 례

머리말 ··· 004

제1장 풍수지리 기본 원리

1 에너지장론(E場論) ··· 014
2 모든(諸) 존재 사이클 ··· 016
3 천명의지(天命意志) ·· 022
4 인간 창조 요소 ·· 024
5 조상과 나의 동조 사이클 ······································· 027
6 인간 생명 에너지장 ··· 030
7 지층 및 지기 에너지 흐름 특성 ···························· 032
8 대한민국의 산(山) 구조체 ····································· 035
9 산 에너지체의 이동 질서 원리 ···························· 039
10 혈장(穴場)에너지 형성 구조 ································· 043
11 혈장 내외과(內外果) 특성 ····································· 048
12 사람과 터의 인과(因果)작용 ································· 061
13 바람(風)의 풍수 영향 ·· 063
14 물(지표수)의 풍수 영향 ·· 066
15 지하수맥의 풍수 영향 ··· 068
16 환생(還生)과 윤회(輪廻)의 원리 ·························· 070

제2장 산의 기본 구조

1. 산맥(용맥)의 구조 ······ 074
2. 혈장(명당)의 구조 ······ 078

제3장 풍수지리 분석 및 평가

1. 풍수 분석법 ······ 084
2. 터를 평가하는 방법 ······ 089
3. 관산법(觀山法)으로 산을 보아라 ······ 093

제4장 풍수 지형의 분석법

1. 내룡맥세(來龍脈勢) 관찰
   - 산계(山系)와 수계(水系)의 흐름을 분석하라 ······ 102
2. 용세(龍勢) - 산맥의 세력을 분석하라 ······ 115
3. 용(龍)의 5변역 법칙 - 내룡맥의 흐름질서를 파악하라 ······ 126
4. 산을 움직이게 하는 에너지를 파악하라 ······ 135
5. 국세(局勢) - 혈장 주변 사신사를 볼 수 있어야 한다 ······ 151
6. 풍수세(風水勢) - 바람과 물의 흐름을 보아라 ······ 165
7. 혈장세(穴場勢) - 혈처와 혈장을 짚어라 ······ 172

제5장 방위세론(方位勢論)

1. 배합룡(配合龍) 측정(패철 4층) ⋯⋯⋯⋯⋯⋯⋯⋯⋯⋯⋯⋯⋯ 199
2. 황천수(黃泉水) 측정(패철 1층) ⋯⋯⋯⋯⋯⋯⋯⋯⋯⋯⋯⋯ 202
3. 팔요풍(八曜風) 측정(패철 2층) ⋯⋯⋯⋯⋯⋯⋯⋯⋯⋯⋯⋯ 204
4. 오행(五行) 확인(패철 3층) ⋯⋯⋯⋯⋯⋯⋯⋯⋯⋯⋯⋯⋯⋯⋯ 206
5. 분금(分金) 조정(패철 5층) ⋯⋯⋯⋯⋯⋯⋯⋯⋯⋯⋯⋯⋯⋯⋯ 207

제6장 기타 주요 원리

1. 산의 배면(背面) 원리인 등과 배를 구분할 수 있어야 한다 ⋯⋯⋯ 212
2. 입수두뇌에서 삼방출(三方出)을 하기 위한 조건 ⋯⋯⋯⋯⋯ 216
3. 산의 선도(先到)와 후착(後着) 관계를 알아야 한다 ⋯⋯⋯⋯ 217
4. 산을 볼 때는 과거, 현재, 미래를 잘 들여다 보아라 ⋯⋯⋯⋯ 218
5. 취기맥(聚氣脈)은 수수(受授) 작용이 잘 되어야 한다 ⋯⋯⋯ 220
6. 12용격(龍格)을 확인하라 ⋯⋯⋯⋯⋯⋯⋯⋯⋯⋯⋯⋯⋯⋯⋯ 223
7. 상대 에너지의 동조원리를 이해하라 ⋯⋯⋯⋯⋯⋯⋯⋯⋯⋯ 225
8. 엿보는 봉우리 규봉(窺峯)과 유정한 월봉(越峯)을 명확히 구분하라 ⋯⋯⋯⋯⋯⋯⋯⋯⋯⋯⋯⋯⋯⋯⋯⋯⋯⋯⋯⋯⋯⋯ 227
9. 독봉사(獨峯砂)와 독산(獨山)의 의미를 구분하라 ⋯⋯⋯⋯ 230
10. 바위(돌)의 길흉을 판단하자 ⋯⋯⋯⋯⋯⋯⋯⋯⋯⋯⋯⋯⋯ 231
11. 계절풍에 발생하는 질병을 파악하자 ⋯⋯⋯⋯⋯⋯⋯⋯⋯ 233
12. 묘터의 습토(濕土) 확인법 ⋯⋯⋯⋯⋯⋯⋯⋯⋯⋯⋯⋯⋯⋯ 235

13	석물 및 비석의 위치	237
14	조상묘와 내 사주의 인과관계	239
15	풍수와 질병 기저관계	243

제7장 풍수역학(風水易學) 원리

| 1 | 풍수역학(풍수사주) | 250 |
| 2 | 기본 역학 조건표 | 267 |

제8장 응용 활용

1	수맥 및 석맥을 찾는 방법	272
2	매장 묘 모시는 방법(천광 과정)	284
3	납골묘 모시는 방법	294

풍수지리 기본 구성도

제1장

풍수지리 기본 원리

1 에너지장론(E場論)

모든 존재하는 물질에는 에너지(E)가 있다. 풍수에서 에너지는 객체 단위의 에너지체(体)와 에너지 필드(filed)에 해당하는 에너지장(場)으로 나누어 볼 수 있다. 그런데 대부분 에너지체와 달리 에너지 필드에 해당하는 에너지장을 소홀히 하는 경향이 있다.

에너지장이라 함은 에너지 각 객체와 객체 간에 관계하는 작용력으로 동조장(同調場)이라 하는데, 이는 양(⊕)의 기운을 지닌 생기적 에너지 특성을 지닌다. 반면 반대적 기운을 지닌 작용력을 간섭장(干涉場)이라 하여 음(⊖)의 기운을 지닌 소멸적 에너지에 해당한다.

태양계에 존재하고 있는 모든 에너지장은 소멸 진행적 에너지 특성을 지니고 있어 생기적 기운이 약 25%, 소멸적 기운이 약 75%의 비율을 하고 있다. 지구의 바다와 육지를 비교하더라도 바다가 70.8%, 육지가 29.2%이다. 그런데 육지 중에도 강, 호수, 늪, 계곡, 사막 등을 제외하면 25%만이 안전한 곳이며, 이 중에서도 여러 간섭적 요인들을 제외하면 사람이 안전하게 살 수 있는 곳은 전체 지구 면적에 0.4%도 안 되기 때문에 풍수지리학은 이 공간을 찾아 효율적으로 사용하기 위한 지질학의 실용 학문으로 볼 수 있다.

그 외 지구 공간에서 공기의 구성 성분 비율도 질소가 78%, 산소가

21%로 지구는 소멸 진행 에너지체에 가까운 비율을 하고 있기에 현존하는 인류는 무분별한 개발에서 벗어나 지구를 더욱 아끼고 보존하여 오랜 기간 후대들이 사용할 수 있도록 해야 한다. 이는 풍수지리가 추구해야 하는 기본적 목적이자 이념이라 할 수 있다.

· 질소(N_2) 78.084%: 식물이 단백질을 합성할 때 필요.
· 산소(O_2) 20.946%: 사람을 비롯한 모든 생물이 살아가는 데 필요.

2 모든(諸) 존재 사이클

 모든 존재 사이클은 생기(生起)점에서 시작하여 생성(生成), 생주(生住), 이산(離散), 괴멸(壞滅), 환원(還元)으로 이어지는 반복적 주기 사이클을 형성한다. 생기가 생성되는 시점에서 생명체가 만들어지는 것으로 그 생기 과정에서는 실제 생명체가 있는 것이 아니며 생성 시점에 비로소 생명체가 태어나는 것으로 그 과정마다 특성을 잘 이해해야 한다. 특히 풍수인은 인간과 산의 리듬 사이클을 함께 관계 지어 읽을 줄 알아야 한다.

 모든 물질적 현상의 세계는 크고 작은 무한 개체수(個體數)의 형체가 존재하며 각 개체는 에너지 원소들의 집합체로서 원소 간의 에너지들이 서로 연분이 되어 끊임없이 역학(力學)적인 상호관계 작용을 일으키고 있다. 이때 각 객체 간의 상호관계 작용은 동조현상과 간섭현상의 두 가지 특성 관계를 나타내는데, 앞서 설명하였듯이 동조현상은 양(陽)적인 생기적 에너지작용을 나타내며, 간섭현상은 음(陰)적인 소멸적 에너지로 작용하는 것이다.
 이러한 에너지작용은 상호 간에 동일 에너지장(場)으로 작용을 하는데, 태양계는 우주에너지장과 동일 에너지장으로 작용을 하며, 지구는 태양계의 에너지장과 동일 에너지장으로 작용한다. 마찬가지로 지구에 있는 모든 개체 존재는 지구의 에너지장 내에서 동일한 에너지장으로 작용을 하게 된다. 인간도 지구 에너지장 내에서 동일한 에너지장을 형성하게 되는데, 특히 조상과 자손은 유전인자가 동일하여 직접적 동조회로가 형성하게 된다.

즉, 동일한 에너지 파장이 서로 만나 같은 진동수로 공진(共振)하면서 증폭현상이 일어나고 이로 인한 동조에너지 필드가 형성되면 생명체를 창조하게 되어 에너지를 충전시키거나 그 에너지를 환원시켜 주는 등 생명에너지에 대한 순작용을 하게 된다.

생명체 에너지는 생기(生起), 생성(生成), 생주(生住)의 사이클 주기로 집합 에너지장인 양의 특성을 지니며, 죽어서는 이산(離散), 괴멸(壞滅), 환원(還元)의 사이클로 환원 에너지장인 음의 특성으로 생명에너지를 동조 흡수하여 정신적, 육체적으로 자손에게 생명 활동력을 개선 및 상승하도록 작용시킨다.

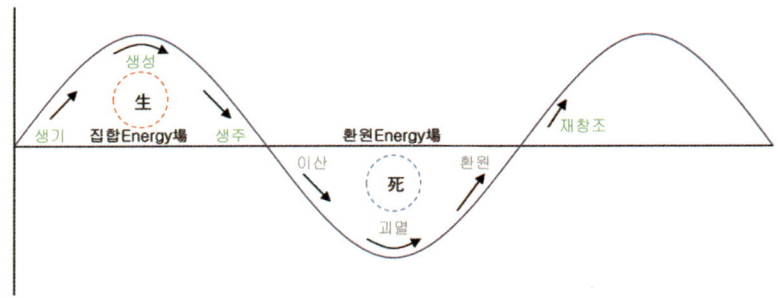

생멸 리듬 사이클

그러나 실제 사이클 리듬을 확인하는 것은 어렵다. 예로 일상 주변의 나무들도 리듬이 있지만 그 과정을 지켜보고 확인하는 것이 어렵듯이 리듬 주기가 훨씬 늦은 산의 리듬을 보고 풍수를 판단하여 논한다는 것은 결코 쉬운 일이 아니다. 그런데 이를 판단하기 위한 공식이 존재하는데, 이 공식은 풍수학자인 황영웅 교수가 발견하여 만든 $\theta=\angle 30°×n$ 방정식을 통하여 확인할 수 있다. 풍수지리는 산의 리듬인 생명질서를 보고 판단하는 것으로 산의 흐름을 이 공식에 대입하여 산맥(풍수에서는 용맥(龍脈)이라 한다.)의 움직임을 분석하게 된다. 즉 생명질서에 의한 생명활동의 모습을 찾는 방법을 익히기 위한 기본 공식으로 풍수를 알기 위한 실전의 모든 관문이 이 공식 안에 모두 담겨 있다고 보아도 과언이 아니다.

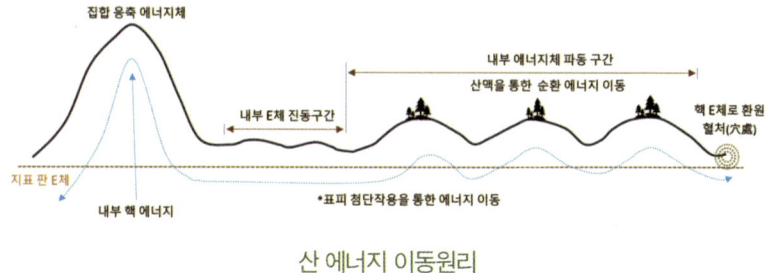

산 에너지 이동원리

산 에너지의 이동원리는 다음과 같다. 이론적으로 산의 에너지장을 존재 사이클에 대입하면 지구상에는 이산, 괴멸, 환원에 해당하는 발산에너지(75%)가 더 많다. 발산에너지의 대표적인 모습은 화산활동이며, 태양계 내 폭발 과정이 많은 해에는 지구에 천재지변과 같은 이

변이 많이 발생하기도 한다.

고대의 왕성한 화산활동에 의해 산맥이 형성된 과정에서 순환에너지의 흐름을 볼 수 있는데, 이는 혈(穴)의 이동으로 인해 순환된 것이며, 그 에너지의 이동현상은 지구 지표면을 통한 '표피첨단작용'에 따른 에너지의 흐름이다. 그리고 그 에너지의 종착 지점을 지진처(止盡處)이자 혈처(穴處)라고 부른다. 혈처의 줄임말로 '혈(穴)' 또는 '혈 자리'로 불리는 경우도 많다.

혈처에 해당하는 지점의 땅속은 약 15℃ 정도가 안정 온도이며, 지표면의 자기장은 0.5가우스(G)가 적당하다. 지표면에서 20m이상 높이면 자기장의 역량이 ½로 줄어들기 때문에 풍수에서는 너무 높은 층을 선호하지 않는 이유이기도 하다. 그러나 주거 공간 주변이 높은 산으로 형성되어 있다면 높이 및 거리 대비하여 자기장의 불충분 영향을 판단해 볼 수 있으며, 산의 형태는 그 중심선이 안정되어야 하고 봉우리는 클수록 에너지가 충만하여 좋다고 볼 수 있다.

특히 자기장은 지구의 중요 요소 중 하나로 지구 외부로부터 오는 유해 입자들을 차단하고 우리를 지키는 보호막 역할을 한다. 즉, 우주에서 오는 복사선으로부터 보호하는 주된 역할을 한다. 자기장은 지구의 액체 상태인 외부 핵에서 발생하는 대류 전류에 의해 자기장이 형성되며 지구의 자전과도 관련되어 지구의 자전 속도와 방향에 따라 변화된다. 지구의 자전축 주위를 따라 회전하며 나침반(패철)의 방향을 결정하는 데 영향을 미친다. 즉 자기장은 인간의 안전과 생존에 매우 중요한 요소로 작용한다.

지구는 0.5~1.0 가우스의 지자기(地磁氣)와 0.8~1.0 암페어의 지전기(地電氣)를 띠고 있고 인체도 자성(磁性)의 지배를 받는 대전체(帶電体)인 관계로 미세하지만, 지구와 마찬가지로 전기와 자기장을 갖고 있기 때문에 지구의 자력과 인체기장이 하나로 맞물려 작용하고 있는 것이다. 인체의 긍정적 자기력은 2.5가우스 이하의 자기력이지만 대체적으로 0.5가우스(G)가 적당한 것으로 보고 있다. 그 이유는 다음과 같다.

지자기장은 우리 몸의 순환기, 호흡기, 소화기 계통 등에 생리적 기능을 조절하며, 특히 혈액순환과 면역체계 강화, 생체 바이오리듬과 수면 패턴 등에 영향을 미치는 것으로 보고 있다. 다만 지자기장이 인체에 해로운 영향을 끼친다는 조사결과나 사례는 없지만 지자기장에 대한 세부적 연구가 충분치 않으므로 적정 수준인 0.5가우스(G)로 유지될 수 있도록 주의할 필요가 있다. 지자기장 외에 그 밖의 지기장에는 전기장, 지중력장, 일력장, 청력장, 지구양력장, 지구행력장, 지수력장, 지열력장, 지풍력장 등이 있는데, 이 모든 지기장에는 인체에 도움이 되는 생명 에너지장이 깃들어 있다.

유의할 점은 지구의 자기장과 송전선 자기장 특성은 다르다. 지구자기장은 항상 일정 값을 갖고 있지만 송전선의 자기장은 1초에 120번 극이 바뀌기 때문에 그 특성이 다르다. 그래서 고압송전선에 의한 자기의 유해성만을 문제 삼는 것이며, 그 또한 실제 원인이 전기장, 자기장, 고압전기 중 무엇에 의한 것인지는 아직 명확하게 규명되지 않고 있다.

◆ 풍수용어

용맥(龍脈) 용과 맥을 함께 이르는 말로써, 일반적 용어인 산맥을 지칭한다.

용(龍: 룡) 땅의 흐름 그 자체를 뜻하며, 룡의 흐름이 지형적 특성에 따라 혈장(穴場)을 형성하는 주된 용맥(龍脈)의 흐름을 주룡(主龍) 또는 주용맥(主龍脈)이라 한다.

3 천명의지(天命意志)

지구의 모든 시공간에는 천명의지가 깃들어 있는데 이는 하늘의 의지대로 실행하라는 의미다. 즉 생명의 질서에 맞게 물이 사는 곳에는 물이 살도록 하고 바람이 사는 곳에는 바람이 살도록 해야 하며 사람이 살 수 있는 곳에만 거처를 삼아야 한다. 만약 진흙(SiO_3) 덩어리가 있는 산은 바람에 의해 만들어진 산으로 사람이 절대 주거지로 거처해서는 안 된다.

즉 바람에 의해 물질이 된 공간에는 나무가 살아야 하며, 물이 있어야 할 공간에는 강이 형성되도록 해야 한다. 지하수맥과 지하풍맥이 있는 흐름 선상에도 모든 생명체가 필요로 하는 지구의 기본 요소들이지만 해당 위치를 주거지로 사용하는 것은 적당치 않으므로 그런 공간을 피해서 혈처를 찾아야 하는 것이다. 혈처는 생명 에너지장들이 복합적으로 응축된 자리로 5부 능선 아래 언덕바지 양지바른 곳에 주로 형성된다. 우리는 이러한 곳을 명당(明堂)이라고 부른다.

우리가 천명의지를 알고자 한다면 그 의지가 깃들어 있는 종속적 관계를 잘 이해해야 한다. 말을 잘 타는 사람은 절대 거꾸로 타지 않듯이 올바른 이치에 맞는 순리대로 결부되어야 한다. 즉 신의 의지는 천체를 통해 엿볼 수 있기에 천체우주의 의지 속에는 태양계의 의지가 들어 있으며 태양계의 의지 안에는 지구의 의지가 있고 그 안에는 인간의 의지와 자손으로 이어지는 의지가 들어 있음을 알아야 한다. 그 원리는 풍수의 꽃이라 불리는 풍수역학(風水易學) 원리를 통해 확인이 가능하며, 그 내용 또한 방대한 연구 분야로 별도의 학문 과정을 필요로 한다. 본 책에서는 제7장에 기본 원리를 기술토록 하겠다.

　이제는 시대가 바뀌어서 천명의지뿐만 아니라 풍수지리에서 말하는 모든 내용은 과학적으로 입증을 해야 하기에 본 책 또한 가능한 과학에 입각한 물리 원칙에 의해 기술될 것이다. 이에 풍수원리와 관련한 물리적 입증의 예를 하나 들어 보도록 하겠다. 우리는 흔히 풍수가 좋은 곳을 배산임수(背山臨水)라 한다. 뒤에는 산이 있고 앞에는 물이 있는 곳인데 그 의지 속 의미는 무엇을 뜻하는 것일까?
　에너지는 높은 곳에서 낮은 곳으로 흐른다는 것을 인지해야 한다. 산은 높고 물은 그 아래에 흐르는 이치이다. 이는 전자이동과 마찬가지로 높은 전류에서 낮은 전류로 흐르는 것과 같다. 그래서 풍수원리를 물리 원칙과 대입하면 모든 이치가 결부되어 진다.

4 인간 창조 요소

지구를 포함한 모든 우주의 만물은 생성의 시작 시점에서부터 소멸 진행 과정에 들어간다. 그래서 태어날 때는 75%의 생성에너지와 25%의 소멸에너지를 지니게 되며 죽을 때는 25%의 생성에너지와 75%의 소멸에너지를 지니게 된다. 죽을 때 25%의 생성에너지는 재창조에 필요한 잔류 에너지이다. 인간의 핵 속에는 영혼이라는 본성이 있는데 재창조의 씨앗이라 할 수 있다. 그 영혼을 쉽게 들여다 볼 수 있는 것이 그 사람의 '인격'으로 인간 창조의 요소이다.

우리의 마음에는 정신이 들어 있고 정신 안에는 생각과 행동이 들어가 있다. 그 행동 속에는 습관이 내재되며 결국 그 사람의 인격으로 나타난다. 인격은 크게 종성인자, 영혼인자, 에너지인자, 시공간인자로 각 25%씩 구성되어 있기 때문에 나 자신을 개선하고자 한다면 인간 창조 요소별로 분해하여 개선할 수 있는 모든 여지를 찾아보아야 한다.

인간 창조의 요소는 크게 네 가지 인자로 나뉜다.

첫째, 종성인자는 숙명으로 나 스스로의 의지로 바꿀 수 없는 인자이기에 무조건적으로 좋아야 한다. 인간의 핵 속에는 영혼이라는 본성이 있는데, 영혼 에너지의 개선에 따라 시간이 흐르면 개선될 여지의 가능성이 있다. 이는 4~5대 후손에 걸쳐 인간 창조의 요소 중 종성, 영혼, 에너지 인자가 개선되면 자율의지에 따라 좋은 시공간(생년월일시)에 후손이 태어나는 결실로 나타난다.

둘째, 영혼인자는 운명 개선 의지로 바꿀 수 있다. 숙명과 달리 운명은 움직이는 것으로 영혼인자의 개선 의지가 인간 재창조의 기회를 쥐고 있는 인자이다. 인간의 핵 속에 있는 본성으로 마음가짐, 정신 상태, 행위, 습관, 인격을 지니고 있으며 스스로 다스릴 수 있는 운명적 요소이다.

우주(자율의지) > 영혼 > 마음 > 정신 > 생각 > 행동 > 습관 > 인격

셋째, 에너지인자는 풍수지리 이론에 절대적인 것으로 인간창조의 순화를 일으키는 주요 요소로 영혼인자처럼 바꿀 수 있는 인자이다. 조상 에너지와 자연환경 에너지를 뜻하며 이는 인간 생명의 동조장으로 작용하여 인간에게 운명적으로 다가서는 절대 필요한 인자로 작용된다. 숙명적인 것은 인간의 힘으로 움직이지 않는 것이지만, 운명은 움직이는 것으로 나의 노력으로 변화할 수 있는 영혼인자와 자연을 이용한 에너지인자를 알아야 종성인자를 개선하고 시공간인자를 운명적 요소로 활용할 수 있게 되는 것임을 깨우쳐야 한다. 이것이 바로 인간생명 동조장을 알아야 하는 이유로 조상 에너지와 자연환경 에너

지를 활용하는 부분이다. 즉, 양택인 집터와 음택인 조상 묘를 혈처에 놓이도록 하는 것이다.

넷째, 시공간인자로 시간과 공간적 특성을 활용하여 존재 특성을 만들게 하여 바꿀 수 있는 인자이다. 그러나 숙명적 요소를 지니고 있어 나의 노력만으로 바꿀 수 있는 인자는 아니며, 나의 존재적 특성을 인식하는 거울과 같은 존재이다. 풍수역학(風水易學)과 같은 사주의 활용 부문에 해당한다.

5 조상과 나의 동조 사이클

나의 조상인 증조부, 조부, 부모는 나의 유전형질과 동일한 유전인자를 지니고 있기 때문에 나의 모든 평생에 직간접적인 영향을 미치게 된다. 비록 내 생애에 생존해 계시지 않더라도 이산(환원)되는 에너지장에 의해 조상의 에너지 리듬 주기에 따라 나에게 동조에너지 사이클이 형성되어 판단력, 결정력, 건강, 수명 등 모든 부분의 작용력에 영향을 미친다. 조상 에너지가 후손 에너지에 미치는 주기의 영향은 아래 표와 같이 돌아가신 기간에 따라 달리 적용되며, 영향을 미치는 빠르기는 빛의 속도인 30만km/sec로 그 어떤 경우에도 유한하며 불변하다. 조상 에너지가 빛의 속도로 후손 에너지인 나에게 다가올 수 있는 이유는 인간 본질의 순수원소와 물질적 경험의 의식체를 버린 순수의식에 의함이다. 순수의식은 형태가 없으며, 물질 우주의 그 무엇에도 영향을 받지 않기 때문이다. 즉 나의 생체 에너지파의 준위가 조상의 사체 에너지까지 확대되기에 조상 묘가 혈처인 경우라면 동조에너지 사이클 형성이 안정된 결합체가 되어 나의 운세 기운 세력이 더 좋아지게 되는 것이다.

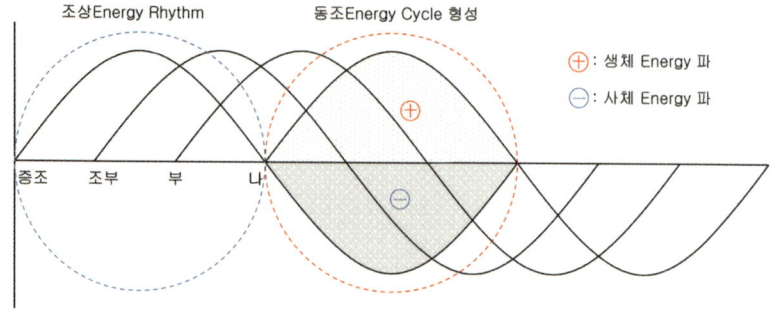

조상과 자손의 인체 동조 사이클

    그러나 간섭현상이 나타나면 동일 에너지장과 동일 에너지인자(因子) 사이에서 상호 에너지가 보조를 이루지 못하고 한쪽에 방해가 되는 일이 발생한다. 이는 동조회로(同調回路)를 형성하지 못하고 서로 간섭함으로써 자손의 생명체 세포 에너지에 타격을 주게 되는 것으로 생명체의 순(順)에너지 물질 원소는 약화되고 역(逆)에너지 물질 원소인 병원체(病原體)는 오히려 동조 작용을 얻어 자손의 정신적, 육체적 건강에까지 악영향을 미치게 되는 것이다.

    따라서 음택 풍수지리는 부모와 조상의 환원 에너지장을 최상의 생명 에너지로 동조 흡수할 수 있도록 함에 있으며, 양택 풍수지리는 수백여 종의 에너지 원소의 집합체로 이루어진 인간의 에너지장에 다른 개체에 의한 간섭 작용을 피하고 양(陽)의 특성으로 자연의 이로운 에너지장(전기장, 자기장, 지중력장, 일력장, 청력장, 지구양력장, 지구행력장, 지수력장, 지열력장, 지풍력장)을 동조 작용으로 받아들여 조상의 이산과 환원의 특성에 의해 발산되는 음(陰) 특성의 환원 에너지가 1초에 30만Km/s의 속도(모든 파장의 속도임.)로 자손의 생명체 에너지와 공진하여 자손의 생명 에너지 원소에 교감 흡수되게 하는 중요한 원리가 되는 것이다. 즉, 혈에너지 형성 구조 내에서는 생명 에너지의 집합체인 지기장에 의해 인간생명 동조장이 형성되어 간섭 작용(형살, 충살, 파살, 해살, 원진살)에 의한 피해를 막아 주는 역할을 하게 되는 것이다.

6   인간 생명 에너지장

지구 내에는 인간 생명 에너지장이 있다. 바로 혈처이다. 그래서 인간은 '혈' 속에 살고 '혈' 속에 잠들어야 좋다. 이를 풍수에선 진수(眞髓)라 한다. 사물이나 현상의 가장 중요하고 본질적인 부분에 해당되기 때문이다. 특히 조상의 묘터가 좋은 혈자리에 위치한다면 조상의 동조 에너지장이 나 자신에게 있어 최고의 에너지장으로 작용하게 된다. 그래서 산소 에너지, 지기 에너지, 물 에너지 등 환경 에너지장이 중요한 이유이기도 하다.

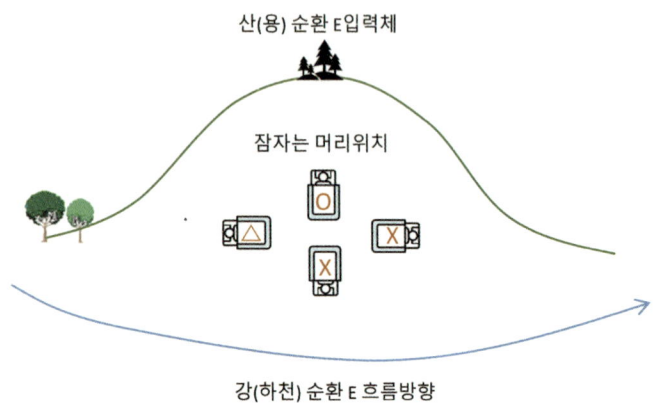

산 에너지 입력과 흐름 방향

인간 생명 에너지장은 혈처를 품고 있는 산과 밀접한 관계가 있다. 산(山: 용(龍)) 에너지는 표피 첨단 이동 작용을 하는데, 표피는 산맥(용맥)이며, 첨단은 산(용)이다. 높은 산에서 에너지(혈)가 입력되어 내려오며, 강이 흘러가는 방향으로 흘러간다. 그 에너지를 받으려면 누워 있을 때는 순환에너지 입력체에 머리를 두어야 생기를 얻을 수 있다. 에너지는 산맥의 표피와 첨단인 산을 통해 이동하는 작용을 하기 때문이다. 즉 잠잘 때는 순환 에너지 입력체에 머리를 두어야 산의 생기를 받을 수 있으며, 그 반대는 생기를 소멸시킨다. 일어서 있을 때는 왼쪽 발바닥 용천으로 혈처의 생기 에너지를 받아들인다.

7 지층 및 지기 에너지 흐름 특성

```
                    저밀도      🌷      🌱
              ┌─────────────┬──────────────────┐
              │   풍화토    │  피모층(皮毛層)   │
바람, 물이    ├─────────────┼──────────────────┤
드나 듦       │  풍화작용   │  표피층(表皮層)   │
              ├─────────────┼──────────────────┤
              │             │  피육층(皮肉層)   │
              ├─────────────┼──────────────────┤
              │풍화(X) 연질토│    육층(肉層)     │
              ├─────────────┼──────────────────┤
 E발산처      │   육질토    │  육토층(肉土層)   │
              ├─────────────┼──────────────────┤  → 비석비토 보다 경도가 약하다
              │단단한 흙(경질토)│ 맥토층(脈土層) │
              ├─────────────┼──────────────────┤
              │   비석비토  │  맥근층(脈筋層)   │
              ├─────────────┼──────────────────┤  → 돌(石)뿌리의 바위조직
              │             │  맥골층(脈骨層)   │
              ├─────────────┼──────────────────┤
              │             │  지골층(地骨層)   │
              ├─────────────┼──────────────────┤
                    고밀도     지골핵층(地骨核層)
```

지층별 지맥 단면

　지표면의 흙은 저밀도이지만 땅속으로 점점 깊어질수록 고밀도로 이루어져 있다. 그래서 지표면에서 피육층(皮肉層)까지는 바람과 물이 쉽게 드나들어 바람과 물의 영향을 받는다. 또한 지표면에서 육토층(肉土層)까지는 땅의 지기 에너지가 지표면 밖으로 발산되는 발산처로 지기 에너지를 가두어 두지를 못한다. 그래서 시신을 모실 때는 비석비토가 나오는 맥근층까지 깊이를 파게 된다. 일반적으로 맥근층은 5자(150cm)정도 높이이며, 높고 험한 맥의 산에는 그보다 얕은 100~150cm인 곳에 배토장(培土葬: 흙을 북돋아 쌓음)을 하며, 산이

낮고 평평한 평맥(平脈)인 경우에는 150cm 깊이로 심혈장(深穴葬)을 한다.

지기 에너지는 표피 첨단 작용에 의해 지구의 핵 층에 있는 에너지가 위로 표출된다. 특히 맥근층과 맥토층은 에너지 보호유지가 가장 잘 되면서 에너지 이동 통로이기도 하기 때문에 시신을 모실 때는 맥근층을 이용하는 것이며, 양택지에 집을 지을 때는 이곳을 건드리지 않고 건물을 세우는 원리이다.

만약 토질에 바람과 물 피해를 받게 되면 다음과 같은 질병이 발생할 수 있다.

지층 피해 시 발병 질환

지층(地層)	오행	발병 질환
표피층	금	폐, 대장, 피부에 바람과 물이 드는 질환 발병.
육질층	토	비장과 위가 상하여 살이 퉁퉁 붓는다.
맥근층	목	간, 담 질환 발병, 근무력증, 대퇴부, 허리, 목.
지골층	수	골수염, 뇌종양, 신장(콩팥), 방광, 부종.
맥토층 표토층	화	심장, 소장, 혈류계통. 맥골, 맥근 - 뼈속 혈류 표피, 피육 - 혈류(열풍은 심소장, 냉풍은 폐, 대장)

특히 에너지 발산이 잘되는 곳은 모래밭, 산꼭대기, 강변, 냇가 근처이므로 집을 지을 때는 피해야 되는 장소이다. 예를 들어 산꼭대기의 경우에는 표피층이 얇고 바람이 많기 때문에 그러하며, 바위산의 경우에는 석골로 이루어져 있기 때문에 에너지 통로 형성이 잘 되지 않

아 지기에너지를 받기 어려울 수 있다. 또한 석골로 인해 맥이 끊어진 자리이면 뇌졸중을 일으킬 수 있어 피해야 한다. 생명 에너지장은 반드시 첨단 표피 이동으로 순환됨을 항상 인지토록 한다. 즉 집을 짓는 장소는 에너지 이동체이거나 에너지 발산처의 경우는 불가하므로 에너지가 지나가는 산맥(용맥)의 능선 위에 땅을 파고 짓거나 산맥을 잘라 짓는 우를 범하지 않도록 주의한다.

집을 짓는 최대 안정처는 지기 순환에너지가 정지되는 곳으로 평지는 아니지만 대지가 넓으면서 깊이 팔 수 있는 3~5부 능선의 양택지를 선정하는 것이 가장 이상적이다.

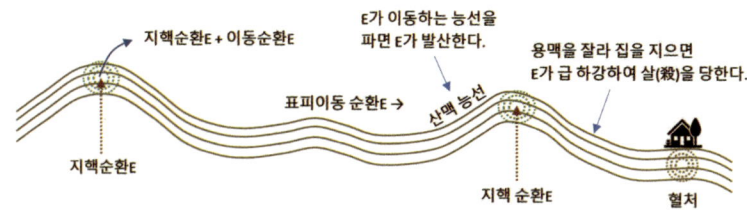

지기 에너지 표피 첨단 작용 구조

> **Tip**
> ◆ 중국 방면의 백두산에서 재배한 장뇌삼보다 강화 인삼의 효능이 더 좋은 이유는 중국산은 화산재에 가까운 저밀도의 땅에서 자라난 것이며, 강화 인삼은 화강암의 고밀도에서 자란 인삼이기 때문이다.

8 대한민국의 산(山) 구조체

풍수를 배우기 시작할 때 대부분 간과하는 부분이 내가 살고 있는 지형의 산 구조체를 모르는 상태에서 접근한다는 것이다. 각 나라의 지역마다 산의 구조체가 다른 형태를 하고 있기 때문에 그 구조체에 맞는 풍수지리를 배우고 혈처를 찾아야 한다.

우리가 살고 있는 대한민국의 산은 백두산에서부터 이어져 내려오는 선구조 특성을 지니고 있으며 제주도만이 입체구조 특성을 지니고 있다. 반면 이웃한 중국의 대륙과 일본의 경우에는 대부분 판구조체이거나 입체구조 형태를 띠고 있다. 일본의 경우에는 우리나라와 마찬가지로 융기 구조 특성을 보이는 지역도 있으나 화산 폭발이 강한 나라이므로 일본열도 전체가 화산재에 둘러싸여 안정적이지 못한 곳이 많다. 특히 교토, 나라 지방은 무기맥이 많은 지역이기도 하다.

산 구조체에 따른 각 구조별 특성을 살펴보면, 선구조 특성의 경우 지표면 에너지장이 천체 에너지장의 동조를 받을 때는 융기(마그마 응축)가 판으로 형성되지 않고 산맥을 그리며 형성한다. 반면 천체 에너지 필드와 지구의 핵 에너지 필드가 서로 컨택트(contact)가 제대로 안 된 지역에서는 판구조 형태로 형성되어 입체로 서 있는 산이 대부분이고 선으로 이어진 산맥으로 형성되기 어려운 구조를 띠게 된다. 이러한 이유로 판구조는 에너지 공급 지속성이 부족하다. 그러므로 판구조에서는 매장할 의미가 없는 지역이 대부분일 수밖에 없으며, 오히려 화장하는 것이 나을 수 있으므로 화장 문화가 잘 발달된 특징을 보인다.

산 구조체에 따라 지역별로 태어난 사람들의 특성이 동일하거나 유사한 특성을 지니게 되는데, 판구조 지역의 사람들은 자기 자신을 낮추는 모습이나 태도를 보이지 못할 뿐더러 낮추려면 오히려 꺾이는 성질의 특성이 있다. 반면 선구조 지역의 사람들은 응축 구조적 집합하려는 취기적 요소에 의해 때에 따라 높고 낮추는 자율적 능력이 뛰어나다. 이는 산맥 특성에 따른 이동순환의지와 회합 의지에 따라 생기맥을 지니고 있다는 의미이다. 다만, 우리나라의 백두산은 그 규모가 주변 국가의 산보다 낮기 때문에 힘(역량)은 다소 떨어지는 상대적 단점을 지닌다.

평야지대에 사는 사람들의 경우에는 땅 자체가 천체구조 에너지만 반영된 곳으로 선구조나 판구조에 의한 지기 에너지는 전혀 반영되지 않았을 뿐만 아니라 분산 구조에 따른 설기(洩氣)와 산기(散氣)적 요소를 지니므로 그곳에 사는 사람들의 문화는 사회를 왜곡시키는 경향이 크다. 이런 지역은 땅보다는 하늘에만 의존해야 하므로 패철(나침반)이 발달할 수밖에 없는 곳이기도 하다.

그런데 우리나라 자생적 산 구조체와 다르게 대부분의 풍수 관련 서적은 중국의 영향을 받고 있어 실제 적용 시 맞지 않는 부분이 발생한다.

예를 들어 중국 대부분의 지형은 평야로 이어진 판구조 에너지체이다. 절강성, 복건성 등에 해당 되는 지역으로 이러한 지형의 판구조는 산세 구조의 결이 누워 있는 형태로 산세를 구분하기 어려운 지형이다. 그래서 이런 지역에서는 이기론에 의한 방위 풍수와 동서사택론이 주를 이루며, 패철과 같은 나침반을 이용하는 형태로 풍수가 발전하였다. 반면 중국의 서부와 남부(하북, 하남)지역의 산세는 입체구조체를 띠고 있어 명당전서, 인자수지와 같은 형기론이 발전하였다. 중국 오대산인 황산, 태산, 골능산 등이 입체구조체에 해당된다. 그러나 대한민국은 선구조 특성이 주를 이루고 있어 지세(地勢)와 연관된 풍수를 배워야 하는데, 외세의 침략 및 주변국 영향 등으로 인하여 자생풍수로 내려온 책이 남아 있지 않은 관계로 현대에 이르기까지 중국의 형기론과 이기론에 맞추다 보니 정확한 결과치가 나오지 않는 경우가 흔히 발생한다.

즉 우리는 지세를 통해 산맥 속의 혈이 두 가닥으로 흐를 때는 혈장(穴場) 없이 청룡맥과 백호맥만을 만들며, 세 가닥으로 흐를 때 청룡과 백호맥 사이로 중심맥이 들어와 혈처를 함께 만드는 과정이 형성된다. 이 원리를 깨우쳐야 비로소 대한민국의 전문 풍수인이 될 수 있는 것이다.

◆ 풍수용어

혈장(穴場) 지기(地氣)가 응축되어 안정된 땅으로 살아 있는 사람이 사용하는 건물의 중심 터나, 죽은 자의 묘터를 말한다. 혈(穴) 또는 혈터(穴攄), 혈판(穴板), 혈처(穴處), 혈심(穴心)의 명칭으로 혼용하여 사용한다. 즉, 혈처, 혈심의 명칭이 에너지체가 되며, 그 혈처의 에너지장이 영향을 미치는 범위를 혈장이라고 한다.

9 산 에너지체의 이동 질서 원리

에너지 작용은 생기(生氣) 에너지로 변화되는 동조 작용과 소멸 에너지로 변화되는 간섭 작용을 지니고 있다. 두 에너지 작용은 생기적 안정의지에 따라 변화성을 가지게 되는 포지티브(⊕)적 안정의지에서는 생기(生起), 생성(生成), 생주(生紬)하는 집합 존재로서 생명핵과를 형성하여 색(色)존재 안정의지를 갖게 되므로 핵이 융기되어 산이 형성되고 형성된 산은 산맥을 이루어 혈핵과(穴核果)를 맺게 되는데 이곳이 양택지와 음택지가 결정되는 명당으로서 생명활동 에너지장을 형성하게 되는 것이다.

반대로 네거티브(⊖)적 안정의지에서는 환원에 의한 무기(無起) 또는 사멸(死滅) 존재로서 공(空)존재 안정의지를 갖게 되어 늪, 들, 강, 하천, 바다가 형성되는 것이다.

앞에서도 언급하였듯이 만물의 생성 원리는 30도 변위각으로 원형 응축 에너지장을 형성한다. 지구는 태양을 공전하며 $\theta = \angle 30° \times n$에 입각하여 12마당의 에너지필드가 형성되며 이는 지구내의 모든 에너지체의 이동 각도와 동일하다. 생명질서 에너지각도는 지구 에너지체의 증거물인 산맥과 지형을 통해 확인이 가능한데 이 산맥과 지형은 생명에너지의 집합체인 지기장에 의해 형성된 것으로 이 안에는 전기장, 자기장, 지중력장, 일력장, 청력장, 지구양력장, 지구행력장, 지수력장, 지열력장, 지풍력장 등 모든 생명 에너지장의 증거물이라 할 수 있다.

즉 θ=∠30°×n은 색(色)질서이며, θ≠∠30°×n은 공(空)질서가 된다. 면의 최소구조물인 정삼각면의 θ=∠60°로 입체구조물의 최상 안정 구조가 되는 것으로 제일 안정된 산의 모습도 θ=∠60°가 되는 것이며, 안정동조의지와 자체안정의지가 형성되어 혈장이 강하게 만들어지게 되는 것이다. θ=∠30°는 이동안정각으로 산 에너지체의 이동각으로서 자체 안정노력은 없으나 상대 안정동조의지가 있어 강하지는 못하나 혈장을 만드는 구조이다. 만약 안정이 안 되면 산은 결국 토사가 흘러내리며 무너지게 된다.

이러한 진행 용맥 에너지체의 진행 지속성과 중심 에너지장의 안정 목적 또는 자체적으로 정지하여 안정 노력하려는 질서 구조를 정확히 읽을 수 있는 것이 양택과 음택지에서 혈장에너지를 찾을 수 있게 되는 원동력이 되고 이에 따라 풍수 지세의 흐름도 파악할 수 있는 중요한 단서를 제공하게 된다.

① 진행 용맥 E체가 θ=∠30°로 변형할 때는 진행 지속성이다.
② 진행 용맥 E체가 θ=∠30°×2 변형할 때는 중심 에너지장의 안정 목적이거나 자체 정지안정 노력이다.

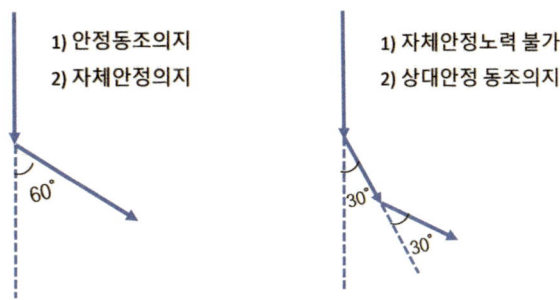

용맥의 진행 안정 변화 각도

> **Tip**
>
> ◆ 용의 진행 안정 변화 각도는 θ=∠30°×n의 법칙으로 공식화되나 그 움직이는 과정에서 진행각이 항상 균등하지 않을 수 있으므로 산의 의지인 ① 길고 짧음 ② 크고 작음 ③ 세고 약함의 변화를 잘 파악해야 한다. 즉, 산 에너지 운동 법칙에 따른 용맥의 변화 파악과 용(龍)이 살았는지 죽었는지를 확인하여 ① 일정 비율의 배합(配合)과 불배합의 문제 ② 산의 배면(背面) 파악 ③ 혈장 형성 과정에서의 풍수적 문제 등에서 θ=∠30°×n의 변화 법칙이 용맥의 움직임에 따라 잘 반영되고 있는지를 살펴보아야 한다.

즉, 우주의 본성은 절대 평등성으로 절대 균형이자 항상성이다. 풍수지리는 지구의 모든 구조체에서 우주의 본성을 찾아내는 것이다.

산 에너지 운동 법칙(용맥의 움직임 특성)

움직이는 용의 변위각		안정의지 특성
동조각 θ=∠30°×n (색질서)	θ=∠30°	산 에너지가 이상적으로 움직이는 안정(⊕) 입체구조.
	θ=∠60°	산 에너지가 안정적으로 분리(분벽)되는 안정(⊕) 입체구조.
	θ=∠90°	산 에너지가 안정적으로 정지하는 안정(⊕) 입체구조. 단 에너지가 정체되기 쉬운 구조.
	θ=∠120°	산 에너지가 안정적으로 분리(분벽)되는 안정(⊕) 입체구조.
	θ=∠150°	안정(⊕) 입체구조이자 불안정(⊖)한 이산(離散) 구조.
간섭각 θ≠∠30°×n (공질서)	θ=∠15°	±∠15° 이동 에너지 진행 과정으로 불안정(⊖)한 구조.
	θ=∠45°	산에너지 운동 저하로 에너지 응축이 정체되기 쉬운 불안정(⊖)한 구조.
	θ=∠75°	산 에너지가 불안하게 분리되는 불안정(⊖)한 구조.
	θ=∠108°	산 에너지의 역(逆)작용으로 불안정(⊖)한 구조.
	θ=∠135°	산 에너지가 흩어지는 불안정(⊖) 이산(離散) 과정.

◆ 풍수용어

분벽(分擘) 산맥인 용(룡)이 움직이면서 변위되는 분리 현상으로 θ=∠60°의 양분벽과, θ=∠90°의 3분벽이 안정 건실한 상태로 청룡과 백호는 3절 이상 연속적인 응축, 응기가 되어야 보호종사(보호 의지를 우선시하는 관쇄적 힘의 기능)로 역할을 다하는 것이다. 이는 분벽 원리에 따라 3차례의 60도의 변화를 가지면 180도로 회전하여 관쇄(감싸안는 기능)가 이루어지는 것이다.

10 혈장(穴場) 에너지 형성 구조

일반적으로 풍수지리적 양, 음택 입지의 전제조건은 바로 배산임수(背山臨水)이다. 집을 중심으로 집 뒤에는 산이 있어 나를 좌우로 감싸고 있고 집 앞으로는 물을 품어 흘러가는 곳을 칭한다. 또한 전착후관(前窄後寬)으로 집터와 구조는 앞이 좁고 뒤가 넓은 형태로 이루어져야 한다. 지세가 형성된 곳은 전착후관으로 청룡과 백호가 집터를 감싸안아 응기를 해 준다. 이와 달리 역성이 되어 청룡과 백호가 벌어진 터는 응기되지 못하고 지기가 설기(洩氣)가 되어 흩어진다.

또 하나 고려되어야 하는 것은 전저후고(前低後高: 앞은 낮고 뒤는 높음)로 집의 터가 주변 밖의 지형보다 높게 하여 풍수해(風水害: 자연재해)에 의한 나쁜 기운이 집안으로 내습하지 않게 하기 위함이다. 이는 혈장에너지가 형성되기 위한 풍수 이론적 설명으로 혈(穴) 에너지장의 형성 구조 특성은 다음과 같다.

입력 에너지인 입수맥(入首脈)에너지가 제1차 안정 취기점이 형성되어 입수두뇌(入首頭腦)가 된다. 입수두뇌에서 들어온 직진성 에너지에 의해 입혈맥(入穴脈) 에너지가 혈장에 들어오며, 동시에 주화[朱火(朱案)]에너지도 혈장으로 밀어주면서 직진성 에너지가 제2차 안정을 취하게 된다. 제3차 안정 에너지는 좌선 에너지로 청선익(靑蟬翼)

에너지가 형성되고 제4차 안정에너지는 좌청선 균형 원리에 의해 우선 에너지인 백선익(白蟬翼) 에너지가 순차적으로 형성되면서 현무, 안산, 청룡, 백호의 사신사(四神砂) 에너지가 응축되고 입혈맥 에너지에 의해 혈장 에너지(핵 에너지)가 형성되는 것이다. 이와 같은 순서가 반복되면서 혈장에는 혈핵과(穴核果)가 형성되어 양택 및 음택의 터가 된다. 특히, 음택지(묘터)를 보면 혈장 에너지 형성 과정을 뚜렷이 볼 수 있는데 다음 그림의 순서를 참조하면 ①, ⑥ 순서가 입수맥(入首脈) 에너지가 되고 ②, ⑦ 순서가 입혈맥(入穴脈)과 주작(안산) 에너지가 된다. ②, ⑦은 상대 에너지장으로 입혈맥 에너지가 지속적으로 진행되어 전순에서 청선(青蟬)의 여기(余氣: 남은 기운) 그리고 백선(白蟬)의 여기가 형성된다. ③, ⑧ 순서에서 청룡(青龍)의 선익(蟬翼)과 요(曜)가 형성되고 ④, ⑨ 순서에서 백호(白虎)의 선익(蟬翼)과 요(曜)가 형성된다. 그리고 ⑤, ⑩에서 혈핵과(穴核果)가 형성되는 것이다.

양택지(집터)도 광의적으로 혈핵과가 형성되는 지형에서의 터는 풍수의 기(氣) 흐름이 원활하게 작용하여 부(富)와 건강을 유지하게 하는 형성 구조이다.

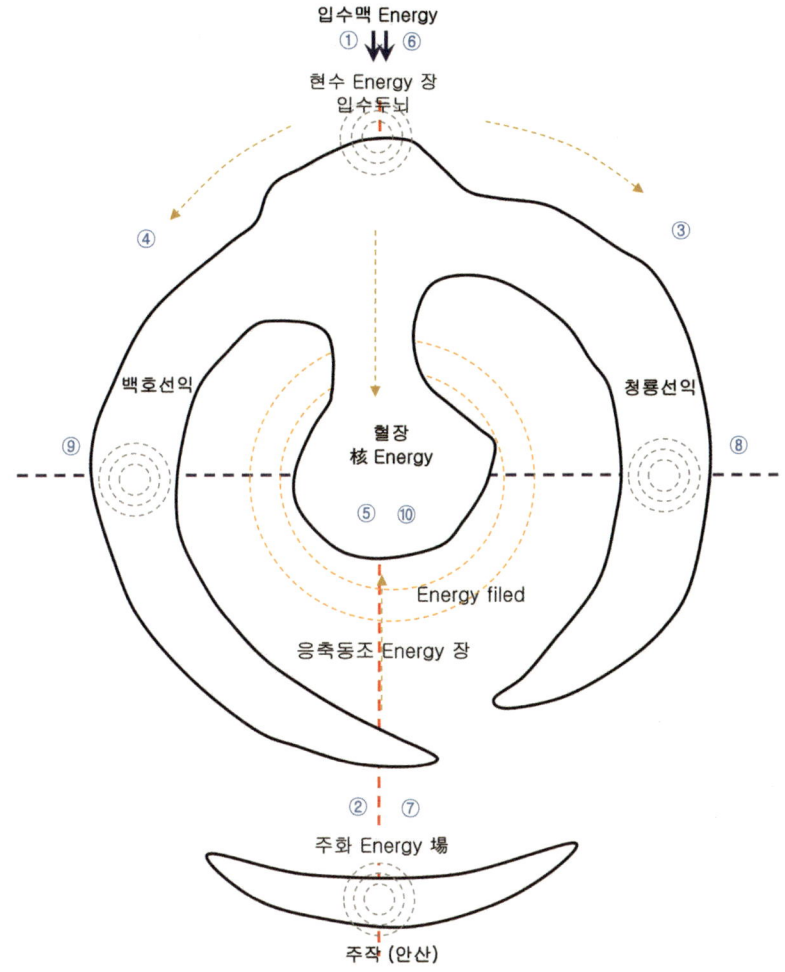

혈 에너지장의 형성 구조

> **Tip**
>
> **혈장에서의 응축과 응기 조건**
> - 상하 응축 급 응기장: 천체 에너지장과 지구 에너지장 간에 균형을 이루어야 한다.
> - 전후 응축 급 응기장: 현무 에너지장과 주작 에너지장 간에 균형을 이루어야 한다.
> - 좌우 응축 급 응기장: 청룡 에너지장과 백호 에너지장 간에 균형을 이루어야 한다.
> - 국(局: 사신사 - 현무, 주작, 청룡, 백호) 응축 급 응기장: 사신사가 상호 균형 에너지장을 이루어야 한다.
> - 최선 혈장의 합성력 급 응기장은 0이며, 핵 에너지장이 생성된다. 고로 혈장에는 0에너지다. 그러나 가성(可成)에너지는 무한대다.

◆ **풍수용어**

사신사(四神砂) 혈장을 중심으로 전후좌우에서 혈장에 동조 응축 에너지장을 공급하는 산들로 현무(주산), 주작(안산), 청룡(좌측 산), 백호(우측 산)를 일컫는다. 현무는 혈에 지기를 직접 넣어 주는 중심체 역할을 하므로 주변 산세의 중심이 되어야 한다. 인간사와 결부하면 현무는 능력 있고 출중한 인물의 배출, 주작은 재산과 사회적 지위, 평판 등의 기운이며, 청룡은 자손 번창, 권력과 지도자, 재산, 남성의 생명력 기운이며, 백호는 재(財)테크의 능력, 여성의 생명력 기운 등과 관계된다.

입수두뇌(入首頭腦) 산의 용맥(주용맥, 내룡맥)이 혈장으로 들어와 산의 기운(에너지)을 공급하는 첫 관문으로 내룡맥을 타고 온 생기가 모여 볼록하게 솟아오른 형태를 한다. 두뇌(頭腦)라고 부르기도 한다.

선익(蟬翼) 혈을 감싸고 있는 혈핵 보호의 필수 조직체로 혈장의 청백(좌우)에 붙어 조금 높게 형성되어 있다. 매미 날개의 모습과 비슷하게 생겼다 하여 선익이라 한다.

요(曜) 혈장의 좌우 선익 바깥쪽에 붙어서 혈심에 청백(좌우)의 에너지 재공급과 재응축을 해 주는 요도(橈棹)의 일종이다.

취기점(聚氣店) 땅의 기운이 모이는 것을 뜻하며, 생기가 주변 산들의 응축을 받아 집중되는 지점으로 응기하는 형태의 모양대로 부풀어 오른 작은 봉을 만든다. 입체 조직을 형성하는 내룡맥이 일시 정지한 취돌(聚突)현상이다.

혈핵과(穴核果) 산의 정령(精靈)이자 혈장의 핵이다. 즉 혈처(명당)가 맺은 결실의 결과라는 뜻이다.

내룡맥(來龍脈) 산 에너지체가 묘터나 집터가 있는 혈장에 입력되는 산맥을 말한다. 약자로 내맥(來脈)이라고도 한다. 단, 내룡맥 형성의 조건인 취기, 분벽, 지룡(枝龍), 지각(支脚), 요도, 지각(止脚)을 갖추어야 내룡맥이라 칭한다.

여기(餘氣) 혈장에 입력되는 내룡맥의 역량이 다하여 힘없게 내려가는 남은 에너지이다. 큰 혈장에서 용세가 완전히 멈추지 않고 남은 힘이 지각을 뻗어 내려가는 맥으로 작은 혈을 더 만들거나 청백 또는 수구사가 되기도 한다.

11 혈장 내외과(內外果) 특성

혈장에너지 특성은 혈장에너지 형성 구조에 맞게 혈의 뒤에는 입수(入首)인 수기(水氣) 에너지가 들어와야 하며, 혈의 앞에는 전순(纏脣)에서 나오는 화기(火氣)에너지가 받쳐 주고 좌, 우측에선 청룡선익(靑龍蟬翼)과 백호선익(白虎蟬翼)인 목기(木氣)와 금기(金氣) 에너지가 감싸주어 혈장 에너지 형성 구조를 형성하여 혈장을 보호하여야 한다.

① 입수는 집터의 바로 뒤 또는 위쪽 부분으로서 수기(水氣: 수소-H) 에너지 공급처로 신장과 방광의 기운을 주관한다. 이 수기(水氣) 에너지는 건강 유지의 원천이 되는 에너지로 수명에 직접적 영향을 주며 자손 번창 및 두뇌 건강에도 좋은 영향을 미치는 에너지로 혈장 형성에 가장 중추적 역할을 한다. 반대로 입수가 무기(無氣: 기가 없음)인 경우 에너지 취기가 없거나 불안정하면 정신적, 육체적으로 불건강을 초래하고 임신의 어려움도 발생하게 된다.
② 전순은 집터의 바로 앞부분으로 화기(火氣: 산소-O) 에너지의 공급처로서 심장과 소장의 기운을 주관하며 집터 에너지의 보호 장치 역할을 한다.
③ 청룡선익은 집터의 왼쪽을 보호하는 곳으로 목기(木氣: 질소-N)

에너지 공급으로 간장과 담낭의 기운을 주관한다.

④ 백호선익은 집터의 우측을 보호하는 곳으로 금기(金氣: 탄소-C) 에너지 공급으로 폐와 대장의 기운을 주관한다.

⑤ 양택 및 음택지의 중심에 위치하는 혈터는 중앙부 혈 에너지장(E 場: field)이 형성된 곳으로 H, N, C, O의 합성에너지로 인체의 모든 기관을 관장하면서도 특히 위장과 비장의 기운을 주관하게 된다.

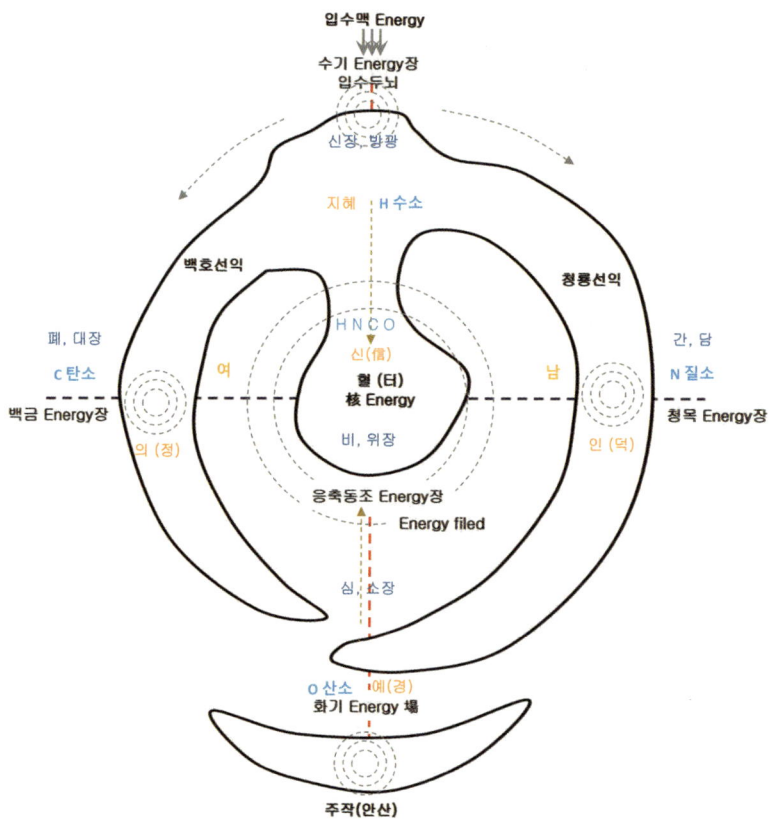

혈 에너지場의 내외과(內外果) 특성

혈장 내외과(內外果) 특성

사신사	위치	오행	에너지체(体)	장·부(臟·腑)	관장(管掌)
현무(주산)	터의 뒤	수	Energy Filed	신장, 방광	지혜, 명예
주작(안산)	터의 앞	화	Energy Filed	심장, 소장	예(禮)
청룡	터의 좌측	목	Energy Filed	간, 담	인(仁), 덕(德), 관(官)
백호	터의 우측	금	Energy Filed	폐, 대장	의(義)
혈(터)	터의 중심	토	Energy Element	비장, 위	신(信)

혈장 내외과(內外果) 생체 특성

사신사	내용 해석
현무(주산)	혈장(穴場)에 수기(水氣)를 공급하여 신, 방광을 주관하고 정신 및 육체적 건강과 수명을 관장한다.
주작(안산)	혈장에 화기(火氣)를 공급하여 심장과 소장을 주관하고 혈액 공급과 심혈관계를 통한 호흡가스와 영양분의 이동 역할과 영양분 흡수를 관장한다.
좌측산(청룡)	혈장에 목기(木氣)를 공급하여 소장의 부속기관인 간과 담을 주관하고 남자 자손의 선악미추(善惡美醜)와 신체의 대사 기능과 조절 기능을 관장한다.
우측산(백호)	혈장에 금기(金氣)를 공급하여 폐, 대장을 주관하고 여자 자손의 선악미추와 대사 기능에 필요한 산소 공급과 대사산물인 이산화탄소와 같은 잔여물을 배출시킨다.
혈(터)	혈장에 토기(土氣)를 공급하여 비장과 위를 주관하고 수(水), 화(火), 목(木), 금(金)의 기(氣)가 모이는 장소가 되어 혈(터)이 무너지면 모든 기운이 무너진다. 따라서 면역기능에도 중요한 역할을 한다.

> **Tip**
>
> **부부 합장묘의 배치**
> - 남자 기운은 좌선하며, 여자 기운은 우측으로 돌기 때문에 묘 배치 시 여자는 누워 있는 남자의 좌측에 남자는 누워 있는 여자의 우측으로 배치하는 것이 일반적이다. 그러나 부부 사주의 기운 역량에 따라 좌, 우 배치를 달리할 수 있다.

◆ 풍수용어

주산(主山) 혈장을 형성시킨 주된 산으로 혈장 뒤쪽에 위치하며, 진산(鎭山)이나 현무(玄武) 또는 현무정(玄武頂)이라고도 한다. 혈장(穴場) 뒤에서 혈장을 보호하는 산으로 사신사(四神砂) 중 직접적으로 혈장에 에너지 공급 역할을 하며, 진산(주산)과 조산, 소조산이 포함된다.

현무(玄武) 굴곡, 기복(起伏), 개장(開帳), 천심(穿心), 분벽(分擘) 등으로 변화하며 또한 이러한 생룡(生龍)의 증거들이 어우러져 진행하다 취기와 응기에 의한 혈을 맺게 된다. 바람직한 현무는 마치 혈을 바라보며 감싸듯이 응기해 주며 머리를 약간 숙인 것 같으면서 수두한 형태가 좋으며 주위의 산들을 지배할 만한 현무다운 웅장함도 있어야 한다.

청룡(靑龍) 혈의 뒤쪽 내맥에서 왼쪽으로 가지를 뻗은 산으로 혈을 감싸 안아 응기할 수 있을 정도의 변화성을 가져야 청룡으로서의 제 역할을 한다고 볼 수 있다. 혈판 내의 청룡이 내청룡이 되며, 청룡을 기준으로 바깥쪽의 산맥들을 외청룡이라 한다.

백호(白虎) 혈의 뒤쪽 내맥에서 오른쪽으로 가지를 뻗은 산을 말하며, 청룡과 달리 고개를 숙이고 순하게 흘러 혈에 응기하여 감싸안아야 백호로서의 제 역할을 한다고 할 수 있다. 혈판 내의 백호가 내백호가 되며, 백호를 기준으로 바깥쪽의 산맥들을 외백호라 한다.

주작(朱雀) 혈장과 일직선상으로 마주보는 앞쪽 산을 일컬어 주작(朱雀)이라 하며, 그중에서 혈에 가깝고 비교적 낮은 산이 안산이 되며 혈에서 멀고 높은 산을 조산(朝山)이라 한다. 즉, 혈장을 정면에서 감싸 응기 및 보호해 주는 역할을 한다.

전순(纏脣, 氈脣) 혈장의 앞쪽에서 혈장을 보호하고 응축 에너지를 공급하는 안산 반에너지 재응축 장치로 선익 또는 혈핵의 여기로 형성된다. 선익의 여기로 형성된 경우에는 전순(纏脣)이라 하여 어미가 새끼를 한쪽 팔로 감아 안는 모습과 같고 그 흐름 통로는 두뇌→청룡선익 혹은 백호선익→전순으로 이어진다. 반면 혈핵의 여기로 형성된 경우에는 전순(氈脣)이라 하여 그 생김이 담요와 같고 그 흐름통로 방향은 두뇌→입혈맥→혈심→전순으로 이어진다. 본 책에서는 전순(纏脣)의 용어로 통일하여 설명하였다.

1) 현무의 풍수적 지세 관계

현무(玄武)는 입수(入首)하기 전 입체에너지 집합체로 형성된 특출한 산으로서 용맥 에너지가 집합하고 저장하는 역할을 한다. 현무는 혈장에 양질의 생기를 안정적으로 공급하면서 안산과 상호 균형을 유지함과 동시에 좌, 우 균형을 유지해야 한다. 현무와 혈장 사이의 경사각도는 중조산(中祖山)에서 현무에 이르는 용맥의 대, 소, 강, 약에 따라 결정되는데 그 경사각이 ∠60° 이상일 경우 좌, 우 응축사(凝縮砂)가 없으면 혈장을 만들기 어렵다고 볼 수 있다. 즉, 입력에너지인 입수맥 에너지가 제1차 안정 취기점이 형성되어 입수두뇌가 되는 것이다.

현무는 음양오행에 있어 수(水)에 해당하며 천간에 있어서는 임(壬: ⊕), 계(癸: ⊖)에 해당한다.

임양수(壬陽水) 에너지장은 혈장 외곽 현수 중 우단부 에너지장으로 혈장 입수두뇌의 중우단부 에너지의 모체 에너지장이 되며, 계음수(癸陰水) 에너지장은 혈장 외곽 현수 중 좌단부 에너지장으로 혈장 입수두뇌의 중좌단부 에너지의 모체 에너지장이 된다.

  임계(壬癸)의 천간(天干)에너지와 어우러진 해(亥: ⊖), 자(子: ⊕)와 축(丑: ⊖) 방향의 지지에너지가 진행 용맥 에너지체의 진행 지속성과 중심 에너지장(E場)의 안정 목적 또는 자체 정지안정 노력질서 구조가 풍수의 동조적 작용에 의해 좋은 양·음택지가 형성되는 것이다.

◆ 풍수용어

천간지지(天干地支) 천간은 하늘의 기운을 갑, 을, 병, 정, 무, 기, 경, 신, 임, 계의 10개로 구분한 것이며, 지지는 땅의 기운을 자, 축, 인, 묘, 진, 사, 오, 미, 신, 유, 술, 해의 12개로 구분한 것이다. 하늘과 땅의 기운을 조합하여 양은 양, 음은 음끼리 순차적으로 만나 60개의 간지(干支)로 결합한 것을 육십갑자(六十甲子)라 하며, 수레바퀴가 돌듯 순환 반복적 윤회를 하는 원리를 풍수역학(風水易學: 풍수사주)에서 다루고 있다.

2) 청룡의 풍수적 지세 관계

  혈장 좌측에서 혈장을 보호, 육성, 응축하는 산을 말하며 청룡도 내청룡, 외청룡이 여러 겹으로 있을수록 좋고 단절이나 배역(背逆: 감싸지 않고 끝부분이 반대로 돌아가는 현상)이 없어야 하며 백호의 높이와 균형을 유지해야 하고 에너지 응기 각도가 유지되면서 혈장을 많이 감싸안을수록 좋은 것이다.

또한 물의 흐름을 관쇄(關鎖)하는 기능을 발휘하여 물의 흐름을 거스르며 혈을 감싸듯 안은 모양이 좋으며, 청룡 끝이 당판으로 찌르는 모양이나 주산보다 높으면 역성의 기운이 있을 수 있고 연속하여 3절 이상 배역하면 보호하려는 사(砂)로 보기 어렵다.

청룡은 현무정 기운을 혈장에 공급하는데 그 역할을 돕고 혈장을 보호하기 위해 백호와 균형을 유지하면서 용맥의 생사(生死)를 관여하여 혈에 응기 작용을 제대로 해 주는 역할을 한다. 혈장을 응기(凝氣)하기 위해서는 용의 변화 각도가 ∠30° 이상 꺾여 안아야 한다. 내 몸(현무)에서 직접 출맥(出脈)한 청룡이라야 그 역량이 크며, 고개를 치켜든 청룡은 60% 이상 배주(背走)한 것이다. 특히 청룡이 행도(行途: 청룡이 가는 길)하면서 당판 쪽으로 요도가 있으면 혈이 형성되지 않은 곳이다. 또한 혈판을 감싸는 변화력이 없이 흘러 빠져나가는 청룡은 설기(洩氣)한 것으로 보아야 한다.

청룡은 음양오행에 있어 목(木)에 해당하며 천간에 있어서는 갑(甲: ⊕), 을(乙: ⊖)에 해당한다. 갑양목(甲陽木) 에너지장은 혈장 외곽 청룡의 시발 형성 에너지장으로 혈장 선익 어깨 부분 에너지의 모체 에너지장이 되며, 을음목(乙陰木) 에너지장은 혈장 외곽 청룡 부분 중부 형성 에너지장으로 혈장 선익 허리 부분 에너지의 모체 에너지장이 된다.

갑을의 천간 에너지와 어우러진 인(寅: ⊕), 묘(卯: ⊖)와 진(辰: ⊕) 방향의 지지(地支) 에너지가 진행 용맥 에너지체의 진행 지속성과 중심 에너지장의 안정 목적 또는 자체 정지안정 노력질서 구조가 풍수의 동조적 작용에 의해 좋은 양·음택지가 형성되는 것이다.

◆ 풍수용어

배주(背走) 혈장을 보호, 육성, 응축하지 않고 배반하여 도망가는 용맥(산맥)이다.

요도(橈棹) 본신룡(本身龍)에 해당하는 내룡맥(來龍脈), 주용맥(主龍脈), 내맥(來脈)과 지룡(枝龍) 등 진행하고자 하는 모든 용(龍)의 방향을 변화시켜 주는 역할을 한다. 즉, 산맥의 진행 방향 변경과 본신룡의 생기를 증가시켜 주는 보조적인 반(反) 에너지 공급맥이다.

본신룡(本身龍) 내룡맥(來龍脈)과 같은 의미로 쓰인다. 중출맥으로 입수하여 용의 혈장(묘터, 집터)을 형성하기 위한 산 또는 산맥을 말한다. 즉 사신사인 현무, 청룡, 백호, 안산의 보호를 받아 주인 입장에 있는 용이다.

절(節) 나뭇가지에서 새로운 가지를 치는 곳이나 대나무의 마디와 같은 곳을 절이라 하는데, 용맥이 위아래 혹은 좌우로 변화를 주는 각 시작점을 절이라 한다. 보통 혈은 현무 아래 5~10절 이내에 맺는 것이 좋다.

3) 백호의 풍수적 지세 관계

혈장 우측에서 혈장을 보호, 육성, 응축하는 산을 말하는데 청룡과 균형을 이뤄야 하며 백호도 내백호, 외백호가 여러 겹이 있을수록 좋으며, 부드럽고 아름답게 혈을 감싸안는 듯한 모습으로 혈장에 응기 각도를 유지함이 가장 좋은 백호의 모습이다.

백호는 청룡과 균형을 유지하면서 청룡과 동일한 관쇄 역할을 행한다. 청룡과 마찬가지로 물의 흐름을 거스르며 혈을 감싸듯 안은 모양의 백호가 좋다. 백호 맥이 3절 이상 배역하면 이미 보호종사가 아닌 증거이며 혈판을 온전히 감싸지 않고 그 끝을 당판으로 향한 백호는 역성을 지니어 판을 깨트린다.

현무정 본신(本身: 현무의 본체)에서 뻗은 백호의 역량이 크고 백호사의 진행 중 당판 쪽으로 요도가 발달된 곳의 명당터로 전혀 불가하다. 또한 혈판을 감싸는 변화력를 보이지 않고 흘러 빠져나가는 백호는 설기된 것이다. 혈판을 안고 제대로 응기해 주기 위해서는 ∠30° 이상의 각도로 꺾이는 용의 변화가 있어야 한다. 그러나 각도가 과도하게 클 경우에도 오히려 혈의 형성을 간섭하므로 좋지 않다. 그리고 당판 쪽으로 뻗은 요도는 절대 금물이니 만약 이런 요도를 가진 백호가 입지한 곳은 혈이 있을 수 없으므로 이런 자리는 반드시 피해야 한다.

백호는 음양오행에 있어 금(金)에 해당하며 천간에 있어서는 경(庚: ⊕), 신(辛: ⊖)에 해당한다. 경양금(庚⊕金) 에너지장은 혈장 외곽 백호 부분 말단부 형성 에너지장으로 혈장 선익 하단 에너지의 모체 에너지장이 되며, 신음금(辛⊖金) 에너지장은 혈장 외곽 백호 부분 말단부 중부 형성 에너지장으로 혈장 선익 허리 부분 에너지의 모체 에너지장이 된다.

경신(庚辛)의 천간(天干) 에너지와 어우러진 신(申: ⊕), 유(酉: ⊖)

와 술(戌: ㊉) 방향의 지지(地支) 에너지가 진행 용맥 에너지체의 진행 지속성과 중심 에너지장의 안정 목적 또는 자체 정지안정 노력질서 구조가 풍수의 동조적 작용에 의해 좋은 양·음택지가 형성되는 것이다.

4) 안산의 풍수적 지세 관계

 안산은 혈장(穴場) 앞의 가장 가까운 산으로 현무와 마주 보고 있는 산을 말하는데 원근에 따라 가까이 있는 산을 안산이라 하며 안산보다 멀고 높은 산을 조산(朝山)이라 한다. 안산은 현무에서 시작된 용맥의 진행력을 혈장에 맞는 에너지체로 응축시켜 적절한 힘의 균형점을 만들어 입혈맥 에너지에 의해 혈을 이루게 하는 역할을 한다.
 안산은 혈장과 멀수록 당판이 열리기 쉽고 물은 감아 돌기 어렵기 때문에 가까울수록 좋고 크기와 높이가 혈장과 균형되고 에너지 응기 각도가 유지되어야 현무정과 균형을 유지하면서 청, 백의 관쇄 기능을 돕고 입수두뇌에서 들어온 직진성 에너지에 안산에너지도 혈장으로 밀어주면서 혈장에너지가 형성된다.
 양택에 있어서도 안산이 혈장의 왼쪽에 있으면 왼쪽으로, 오른쪽에 있으면 오른쪽으로 안산이 있는 방향으로 집의 좌향을 잡아야 하며, 안산으로서 방향이 너무 벗어나 있으면 청룡이나 백호로 보아야 된다.
 안산은 본맥과 ∠90°를 이루면 그 역량이 100%의 반(反)에너지를 공급하게 되며, 본맥과의 각이 적어도 ∠30° 이상 응축각도를 이루어야 안산의 역할을 제대로 할 수 있다.

안산은 음양오행에 있어 화(火)에 해당하며 천간에 있어서는 병(丙: ⊕), 정(丁: ⊖)에 해당한다. 병양화(丙⊕火) 에너지장은 혈장 외곽 아래 주화(朱火) 중 우단부 전순 형성 에너지장으로 좌단 에너지의 모체 에너지장이 되며, 정음화(丁⊖火) 에너지장은 혈장 외곽 아래 주화(朱火) 중 좌단부 전순 형성 에너지장으로 우단 에너지의 모체 에너지장이 된다.

병정(丙丁)의 천간(天干) 에너지와 어우러진 사(巳: ⊖), 오(午: ⊕)와 미(未: ⊖) 방향의 지지(地支) 에너지가 진행 용맥 에너지체의 진행 지속성과 중심 에너지장의 안정 목적 또는 자체 정지안정 노력질서 구조가 풍수의 동조적 작용에 의해 좋은 양·음택지가 형성되는 것이다.

> **Tip**
> - 풍수를 안정시키는 것은 청룡, 백호보다 안산이 더 중요하다.
> - 안산이 없는 곳은 바람골이 형성된다.
> - 안산 길흉에 따라서 풍수세의 길흉을 결정한다.

5) 혈장의 풍수적 지세 관계

입력(入力)에너지인 입수맥 에너지가 태조산(太祖山)에서 시작하여 수십 내지 수백 절을 변화 진행하여 안정 취기점이 형성되어 입수두뇌인 현무봉을 만든 후에 입수두뇌에서 들어온 직진성 에너지에 의해 입혈맥 에너지가 혈장에 들어오며 동시에 주화 에너지도 혈장으로 밀어주면서 직진성 에너지가 안정을 취하게 된다. 또한 청룡, 백호 등의 좌우선 에너지와 연분이 되어 좌, 우 보호와 응기를 받음으로써 여기(餘氣: 남은 기운)와 요(曜)가 형성되어 사신사의 역리학적 작용과 천간(天干)과 지지(地支), 바람, 물 등의 역리학적 작용이 함께 작용하여 혈핵과(穴核果)가 형성되는 것이다.

혈장은 음양오행에 있어 土에 해당하며 천간에 있어서는 무(戊: ⊕), 기(己: ⊖)에 해당한다. 무(戊), 기(己)는 천간지지(天干地支) 합성 구조에 의해 각 사신사에 위치하여 해당 사(砂)의 모체 에너지로서의 역할을 하나 혈(터)에 가장 영향력을 미치는 천간(天干) 기운으로 작용한다. 그렇지만 혈(터)은 모든 천간 에너지와 지지 에너지의 중심부에 위치하기 때문에 모든 에너지의 안정적 균형을 이루어야 하며, 이와 아울러 진행 용맥 에너지체의 진행 지속성과 중심 에너지장의 안정 목적 또는 자체 정지안정 노력질서 구조가 풍수의 동조적 작용에 의해 좋은 양·음택지가 형성될 수 있다.

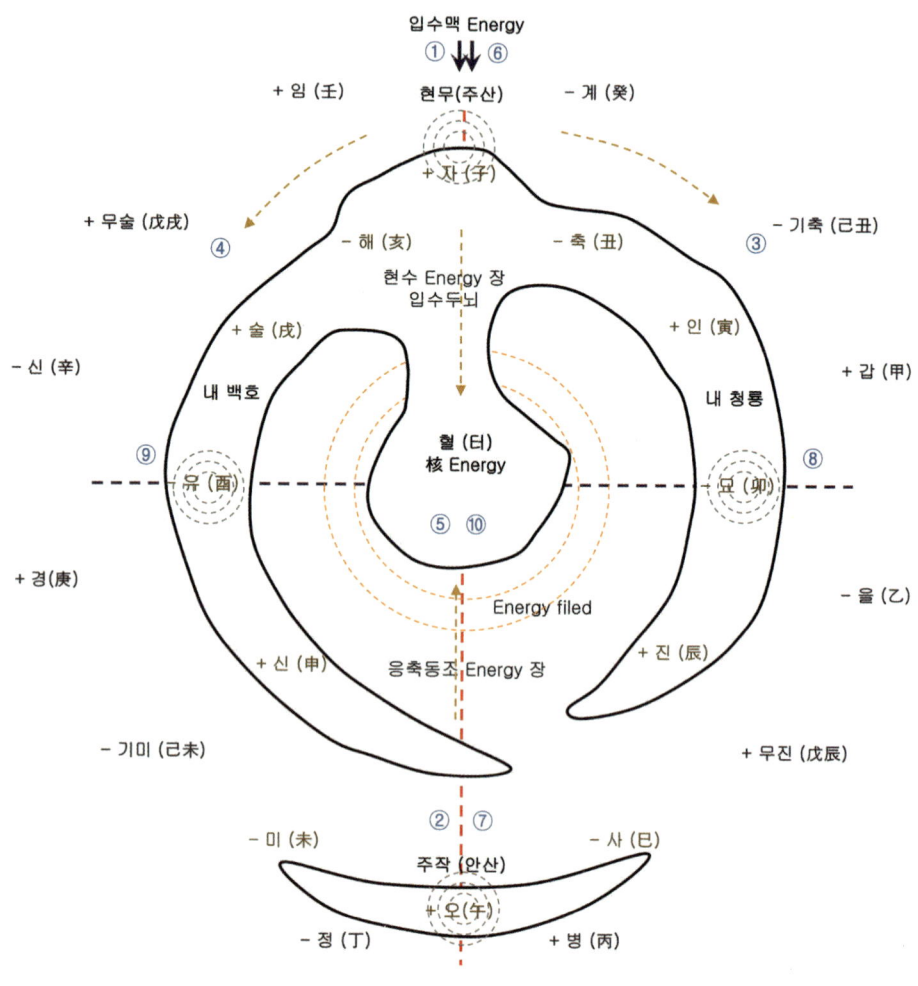

사신사(四神砂)의 풍수적 지세 관계도

12 사람과 터의 인과(因果) 작용

사람은 터와 밀접한 인과관계가 작용한다. 특히 음택지(조상의 묘터)의 경우 혈장(혈처)에 미치는 좋고(길) 나쁨(흉)의 영향에 따라 발복(發福)의 요인이 될 수도 있고 반대로 결함적 요인으로 자손들에게 나쁜 영향을 미치게 된다.

혈장 내 입수, 청룡선익, 백호선익, 전순, 혈처(혈심)는 조상과 나의 동조 사이클 작용에 직접적인 영향력을 미치고 있으며, 그 밖의 사신사 주변의 세력에 의한 결함적 요인이 발생할 경우 간섭 작용에 의해 나쁜 영향을 받게 된다. 그 영향력을 받게 되는 원리는 앞서 설명한 조상과 나의 동조 사이클에 기인하며, 해당 자손과의 인과관계는 혈장 형성 순서에 따라 해당 자손에게도 동일하게 적용된다. (아래 표 참조)

※ 형, 충, 파, 해, 원진살에 의한 간섭적 요인들은 제6장 내 '조상묘와 내 사주의 인과관계'를 참고하여 보도록 한다.

그러나 혈은 없고 입체만 있는 터의 경우에는 앞서 설명한 인과 작용과는 다르게 적용된다. 청룡이 백호보다 상대적으로 발달한 경우에는 청룡의 백호 후손 자손이 뛰어나게 일어난다. 특히 장손의 둘째 아들과 딸 자녀가 발복을 받게 되며, 간섭적 요인으로 문제가 발생하는 경우에는 해당 자손에게 흉으로 작용한다. 반대로 백호가 상대적으로 발달한 경우 백호의 청룡 후손이 뛰어나게 일어난다. 특히 동생의 큰아들이 발복을 받게 되며, 간섭적 요인으로 문제가 발생하는 경우 이 역시 해당 자손에게 흉으로 작용받게 된다.

위치	영향	흉의 주요 원인	자손
입수	건강, 수명, 절손	단절, 결함	남자 자손(장손 우선)
청룡선익	건강, 수명, 관운, 요절	단절, 결함	1, 3, 5째 자손
백호선익	건강, 수명, 재물운, 이혼	단절, 결함, 배역주(背逆走)	2, 4, 6째 자손 후실손 딸, 며느리
전순	재산 축적	전순의 유무(有無)	남자 자손(막내 우선)
혈처	암, 난치병, 불의 사고	물과 바람의 영향, 결함, 관리문제	전체 자손

13 바람(風)의 풍수 영향

바람은 지형적 특성에 의해 큰 영향을 준다. 더욱이 도심에서는 자연 지형뿐만 아니라 도시의 규모, 구조, 개방된 공간비율 등에 따라 바람의 영향을 많이 받게 되며 직, 간접적 측면에서 인체 건강에 영향을 주게 된다. 특히 도심지의 건축물에 따른 불균형적 격차는 풍속을 연평균 밑으로 감소시키고 공기 순환까지 저해하여 여름에는 무풍 빈도율을 증가시키는 요인이 된다. 또한 큰 건물에 의한 바람장의 붕괴는 건물 높이의 10배에 해당하는 거리까지 이르게 되어 건물 간의 충(衝)살에 의해 인체에 미치는 영향력은 우리가 예상치 못한 그 이상의 큰 피해를 받게 된다. 그래서 일반적 자연 지형 외에 인위적 건물의 높고 낮은 주거 건물과 공간의 관계성, 전후좌우 도로의 위치와 폭, 대지의 모양 등에 의한 바람길을 풍수 이론에 입각하여 살펴보아야 한다.

바람(風)은 지기 에너지와 천기 에너지의 흐름에 동조적 조화를 이루게 하나 반대적인 영향에서는 변화를 주는 작용 에너지의 역할만 하게 된다.

즉 풍수에서 바람의 주요 역할은 지기의 에너지를 순환시키거나 에너지량을 조절하는 역할로 생기적 동조 작용을 일으켜 혈장이나 국

(局: 사신사- 현무, 주작, 청룡, 백호)에 지세(地勢) 및 국세(局勢)로 작용하는 힘의 작용을 하는 것이다. 그래서 바람의 작용이 보퍼트 풍력 계급(Beaufort wind force scale) 0~1등급 정도(0.0~1.5)인 경우에는 지기(地氣) 에너지를 안정적으로 유지시키며, 1~2등급 정도 (0.5~2.5m/sec)의 사람이 기분 좋다고 느끼게 되는 바람의 정도이면 산맥의 지기 에너지를 교류 이동하여 국 에너지장을 변역(變易), 장취(藏脆)시킴으로써 생기 동조를 조절하게 된다. 반대로 풍속의 세기가 5m/sec 이상이면 천풍(天風), 지풍(地風: 계절풍, 국지풍), 자생풍(自生風), 목근풍(木根風)에 의한 간섭 작용으로 작용되어 형(刑), 충(沖), 파(破), 해(害), 살(殺)의 사멸기운으로 혈장 및 국을 파괴(破壞)하기도 하고, 지기 에너지를 설기(泄氣: 기가 새어서 날아감) 또는 산기(散氣: 기가 흩어져 날아감)시키기도 한다. 즉, 바람 에너지는 지기 에너지에 여러 변화를 주거나 도와주는 연분(緣分)의 작용을 하게 되는 것이다.

> **Tip**
> ◆ 바람병은 특히 중풍, 고혈압, 뇌출혈을 일으키며, 집터나 묘터가 좋지 않은 경우 5년 내 발병한다.

◆ 풍수용어

변역(變易)　변화하는 현상을 말하며 변화하는 현상계의 본성을 변역성(變易性)이라 한다.

장취(藏脆)　혈장이 안정적으로 생기 동조하기 위해 부드럽게 감싸는 기능.

자생풍(自生風)　한반도 지형지세에 의한 바람.

목근풍(木根風)　나무에 피해를 주는 바람.

14 물(지표수)의 풍수 영향

 물 흐름의 속도(유속), 폭, 수심, 유량, 수질, 기울기 변화 등을 관찰하여 선악미추(善惡美醜: 과하거나 치우침이 없이 살펴보는 분별심), 대소강약(大小强弱: 크고 작고 강하고 약함), 정사평준(正斜平準: 바르거나 삐뚤거나 균일함의 정도), 원방곡직(圓方曲直: 둥글거나 모나거나 굽음과 곧음), 종횡순역(縱橫順逆: 세로와 가로, 순리와 역리), 생주이멸(生住異滅: 사물이 생기고 머물고 변화하고 소멸하는 사물의 무상함), 음양생극(陰陽生剋: 음과 양, 상생과 상극), 생사거래(生死去來: 생멸과 과거와 미래), 생노병사(生老丙死: 태어나고 늙고 병들고 죽는 네 가지 고통) 등의 산, 수, 풍, 화의 변역상을 파악해야 한다.

 물(水)도 바람(風)과 마찬가지로 지기 에너지와 천기 에너지의 흐름에 동조적 조화를 이루게 하나 반대적인 영향에서는 변화를 주는 작용 에너지의 역할만 하게 된다.

 특히, 물은 지기 에너지를 생육(生育: 생성시키고 육성시킴), 조윤(調潤), 순화(醇化), 취융(聚融: 갖추어 채움), 보호(保護)하여 용맥(龍脈)과 혈장에 생기적 동조 작용을 하여 혈장과 국의 지세(地勢) 및 국세(局勢)에 생기 조절하는 역할을 한다. 물은 맑고 깨끗할수록 길하며 물 흐름의 느림과 빠름에 따라 동조 작용의 기운이 늦거나 빠르게 작용한다. 유속이 빠르고 유량도 많으면 혈은 산의 위쪽에 있고, 유속이 느리고 유량도 적으면 산 아래쪽에 혈이 있게 된다. 그러나 유속이 너무 빠르면 바람을 일으켜 살풍(殺風)이 되므로 오히려 혈을 깨뜨릴 수 있다.

즉, 물(水)의 태과불급(太過不及: 한쪽으로 너무 왕성하여 오히려 그 힘이 미치지 못하는 것)에 의해, 지기에너지와 혈장 에너지에 조폭건한(燥暴乾寒: 마르고 후덥하고 습하고 차가움)케 하는 간섭 작용으로 작용하여 많은 양의 물이 빠른 속도로 작용하면 형(刑), 충(沖), 파(破), 해(害), 살(殺)들의 사멸기운으로 혈장 및 국(局)을 침하(沈下)시키거나 때리고, 밀치고, 부서트리고, 찌르고, 함몰시킨다. 반대로 물이 부족하면 땅이 윤기가 없고 메말라서 땅의 성분이 파괴되고 에너지가 응축되지 않아서 지기 에너지를 설기(泄氣: 기가 새어 날아감) 또는 산기(散氣: 기가 흩어져 날아감) 시키기도 한다. 그러므로 풍수인은 물 흐름의 속도(유속), 폭, 수심, 유량, 수질, 기울기 변화 등을 풍수 원리에 입각하여 자연과 인체에 미치는 영향을 파악할 수 있어야 한다.

◆ **풍수용어**

조윤(調潤)　내룡맥이나 혈심에 수기(水氣)가 적당하여 땅이 너무 질펙대거나 흙이 푸석거리지 않는 윤택한 터의 지질로 혈장이 유지 보존시킨다.

순화(醇化)　에너지장 동조에 의해 서서히 동질화되는 것.

15 지하수맥의 풍수 영향

 정체된 지하수와 달리 지하수맥은 지표수에 흐르는 물의 흐름과 마찬가지로 물 흐름의 속도(유속), 폭, 수심, 유량, 수질, 기울기 변화에 따라 지기에너지의 간섭 작용과 그 자체로서의 파장으로 인체의 모든 기관에 영향을 주게 된다.

 지하수는 투수성이 좋은 흙 또는 암반 사이로 층을 이뤄서 흐르기 때문에 그 자체가 에너지원이 되는 유체역학(流體力學: 액체와 기체 운동) 대상이 된다. 지상의 물은 높은 곳에서 낮은 곳으로 흐르지만 지하수는 지구의 화산활동이나 단층 작용 또는 습곡운동 등으로 형성된 암반이나 토양의 틈새로 흐르는 물줄기로 수맥의 지하수는 압력차에 의해 움직이기 때문에 높고 낮음을 가리지 않는다. 즉 산 아래에서 역으로 산 위로 흐르기도 하는 강한 에너지의 파동을 일으키게 된다. 수맥파가 생성되는 원인은 여러 이론이 있겠으나 지구 내부의 핵 등에서 발생하는 자연방사능이 지표상으로 방사되는 도중 유속이 있는 지하수를 만나 교란되면서 감마방사선으로 변조되어 방출되는 저주파 파동이면서 수직파로 변조장이 클수록 수맥은 더욱 강한 수직의 직선 파장을 만들어 인체에 직접적 영향을 주는 것이다.

 지하수맥은 지기의 에너지를 순환시키거나 에너지량을 조절하는 역할로 생기적 동조 작용을 일으키는 힘의 작용은 없다. 간혹 음, 양택에 있어 혈처의 중앙과 선익 사이의 수맥은 명당수(明堂水)로 작용하는 것으로 보기도 하나 건강적인 측면으로 보았을 때 길(吉) 작용력은 미미하며 그보다는 흉(凶)의 작용이 커서 수맥파 자체로서의 사멸 기운에 의해 인체 각 기관에 직접적으로 나쁜 영향으로 작용을 주게 된다. 그 영향의 차이는 개인적 노출 상황과 지속 시간의 수맥 강도 그리고 개인별 저항력의 체질적 차이에 있을 뿐 결과적으론 모든 사람의 인체에 영향을 주어 질병을 초래하게 된다.

수맥의 영향은 음양오행의 원리에 따라 형, 충, 파, 해, 살의 사멸기운에 의한 괴멸(壞滅) 작용이 실, 허중의 인체적 체질 특성에 직접적으로 영향을 주는 것으로 확인된다.

음택지의 경우 바람(風)과 물(水)의 간섭 영향에 의해 지하수맥도 같이 작용하므로 수맥의 영향을 살펴보아야 하며, 주거 및 생활공간에 해당하는 양택지에 있어서는 수맥과 지기의 어느 하나에 편중을 두기보다 전체적인 국의 혈 에너지장의 흐름 파악과 동시에 수맥파의 흐름도 반드시 고려하여 수맥파의 피해를 막아야 할 것이다. 혈 에너지장의 지기와 수맥파장의 영향력은 상호 대체나 독립적인 것이 아닌 전체적인 국(局)을 판단하여 상호 고려되어야 할 보완 관계라 할 수 있다.

> **Tip**
> ◆ 바람길이 열리면 수맥도 함께 열린다. 그래서 터가 나쁘면 바람과 수맥이 혈을 침범하여 5년 안에 질병이 발병한다. 수맥은 골, 골풍, 골수, 통풍, 관절, 당뇨, 위암, 대장암, 신장암, 방광암 등이 쉽게 발생한다.

16 환생(還生)과 윤회(輪廻)의 원리

인간의 일생은 생(生)의 학(學)만 있는 것이 아니라 사후(死: 죽음)의 학(學)도 있는 것이다. 앞서 설명한 생멸의 리듬 사이클에서도 생멸의 주기 전체를 인간의 일생으로 보는 것이다.

생의 일생은 망상과 잡념이 일어났다 바로 사라지듯 찰나생(刹那生) 찰나멸(刹那滅)로 이어진다. 그래서 인생이 짧게 느껴지는지 모르겠지만, 생의 일생은 삶 과정이 있듯이 사후의 일생도 환원되는 과정이 있으므로 죽어서도 생의 일생은 지속되는 것이다. 그 근본은 어머니, 아버지, 조부, 조모와 먼 조상으로부터 객체 영혼이 관여된다. 그래서 나의 주체의지는 나의 주체 영혼과 더불어 객체 영혼이 합쳐져 함께하는 것이며, 나의 인격의지에서 제3의 자율의지 특성이 나타난다.

만약 변환하는 과정에서 물속에 들어가게 되면 가수분해가 되어 기전기에 의한 전기분해가 일어날 수도 있으며, 벌레 먹이가 되면 벌레 귀신이 되는 것이며, 물에 떠내려가면 물고기 귀신이 되고 나무뿌리의 영양이 되면 나무귀신이 되는 것이므로 상속 영혼이 간섭 영혼에 의해 도태되기도 하고 유전인자인 DNA 꼬리가 떨어져 나가기도 한다. 그래서 인간 영혼이 우주나 HNCO의 순수영혼이 아니더라도 내 스스로 영혼 관리를 하여 나와 우주가 매칭될 수 있도록 노력해야 한다. 그래야 변환 과정에 있어 다시 인간의 몸을 받을 수 있는 것이다. 즉, 환생과 상속인자가 에너지 결합을 하는 것이 인간 재창조인 것이다.

✽ 환원과정 단계

산화 과정(썩는 것)
↓
환원 과정: 본래의 원소로 회귀되는 과정이다.

- H_2 - H영혼
- N_2 - N영혼
- C_2 - C영혼
- O_2 - O영혼

상기 원소들은 본질, 본성에 해당되는 공무(空無)이기에 오욕 중 하나인 식탐은 온갖 물질로 합성하게 하여 나 자신의 자율의지인 영혼을 혼탁하게 만든다. 특히 령(灵)이 들어 있는 잡식성 동물을 섭취할 경우 순수영혼을 잃을 수 있다.
↓
변환 과정(물질 윤회): 다른 것과 결합하는 것으로 다른 물질로 변화되는 것이다.

$$\overset{\frown}{\text{산화}}$$

$$H_2SO_4(황산) = SO_2(이산화황) + H_2SO_4$$

$$\downarrow 환원$$

$$S+O_2 \text{ (순수영혼으로 바뀌는 것)}$$

환원 및 산화 과정

상속인자는 지구의 운명과 같아 소멸 진행 과정에 있는 소멸적 생기 에너지로 자연 도태 현상이 발생한다. 이를 막기 위해서는 환생인자가 유전인자에 가세하여 생명 에너지 재창조가 되어야 하는 것이다.

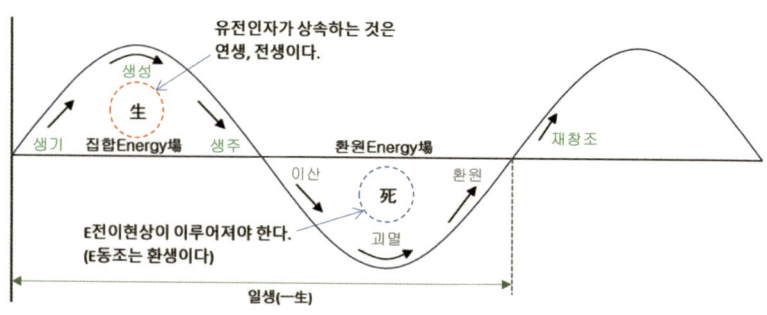

일생 주기 사이클

제2장

산의 기본 구조

1 산맥(용맥)의 구조

산맥(山脈)을 풍수에서는 용맥(龍脈)이라고 한다. 산의 모양은 크기도 하고 작기도 하며, 높거나 낮기도 하고 산이 앞으로 쭉 뻗어 나가다가 좌우로 움직이거나 혹은 다시 되돌아오는 산도 있듯이 그 변화는 천하무쌍하다. 이는 산 에너지의 의지에 의하거나 다른 타력적 에너지 요인에 의해 모습을 달리하는데, 그 모습이 용(龍)과 같다 하여 산을 용이라 하는 것이다. 그래서 풍수에서는 산 능선을 산 에너지의 흐름으로 보고 용이라 불리며, 맥(脈)은 산 에너지가 흘러가는 통로의 역할로 본다.

산은 살아 있기에 그 용맥이 움직이고 갈라져 나누어지기도 하며, 자신을 지탱하며 방향도 바꾸고 때론 안정을 찾기 위해 균형도 이루며, 그 중심 에너지가 응기 되어 모이는 일련의 모든 산 작용에는 구성요소별 기능들을 지니고 있기에 그 특성을 파악하여 산 에너지가 안정적으로 응축되어 모아지는 혈처(장소)를 찾는 것이 풍수지리라 할 수 있다. 즉, 주변 산세들이 다툼을 하지 않고 화합하여 불량 없이 만든 최적의 완성된 자리를 찾는 것이다. 산들이 모여 최적의 장소를 만들기 위해서는 구조적 장치 기능들이 필요한데, 우선 그 기능들의 구조 명칭을 익혀 두도록 하며, 각 구조별 위치와 자세한 기능들은 제3장에서 확인토록 한다.

산맥(용맥)의 주요 구조

(1) 취기(聚氣) 구조

산 에너지 저장 기능과 에너지를 분배(分配: 고르게 나눔)하여 공급하는 의지를 지니고 있다. 즉, 산 에너지를 취합하여 안정할 수 있는 기능을 주관한다.

(2) 분벽 출맥(分劈 出脈) 구조

산 에너지의 분배와 공급을 위한 통로 역할 의지를 지니고 산 에너지의 안정적인 배송(配送: 나누어 줌)을 주관한다. 대표적인 출맥 구조는 천심(穿心) 중출맥(중심으로 들어오는 맥), 청룡 좌출맥, 백호 우출맥 등이 있다.

(3) 지각(支脚) 구조

산맥 에너지체의 균형안정과 에너지 배송 의지를 구조화한다.

(4) 요도(橈棹) 구조

산 에너지체의 안정적 진행을 위한 방향 전환과 반(反: 반대)에너지를 공급하는 의지를 갖고 있으며 진행에너지를 증폭시킨다.

(5) 지각(止脚) 구조

산 에너지체 및 혈장 에너지체를 응축시키는 지룡(枝龍), 지각(支脚), 요도, 귀사, 요사, 관사 등이 최종안정화 의지를 실현하도록 한다.

(6) 지각(枝脚) 구조

산 에너지체의 안정적 진행을 위해 보조적 지탱과 요도를 포함한 모든 용맥의 에너지체를 보호하는 역할을 한다.

(7) 혈장(穴場) 구조

혈장 내에는 입수두뇌, 입혈맥, 좌선익(청선익), 우선익(백선익), 귀사, 요사, 관사 등의 구조들로 인하여 명당터인 혈장이 형성된다.

◆ 풍수용어

취기(聚氣) 땅의 기운이 모이는 것이다. 땅의 생한 기운이 주변 산세의 에너지체 및 에너지장의 응축을 받아 집중되는 것이다. 그 모양은 응축 동조 응기 하는 형태로 부풀어 올라 봉을 만든다. 입체 조직을 형성하는 내룡맥이 일시 정지하여 취돌(聚突: 볼록하게 모이는 것)하는 현상이다.

간룡(幹龍) 사람의 척추와 같이 산맥의 큰 산에서 혈을 향해 뻗어 내린 산줄기의 중심 용맥이다. 산맥의 분벽이 중출맥을 이어 올 때 좌우 지룡(枝龍)을 거느리는 중심 용맥을 일컫는다.

중출맥(中出脈) 간룡맥이 개장하여 천심 출맥하는 것이다. 좌우로 보호하는 용을 두고 중심으로 분지출맥(分枝出脈: 갈라져 나가는 맥)하여 성혈의 의지를 지닌 내룡맥이다.

천심(穿心) 개장(開帳)의 중심을 뚫고 흐르는 산줄기이다. 산봉우리 아래에서 맥이 좌, 우출맥을 거느리며 그 중심에서 시작하여 뚫고 나오는 모양을 한다. 입혈맥 에너지를 공급하기 위한 결혈의지의 중출 에너지 입력 형태로 '개장천심(開帳穿心)'이라고도 한다.

개장(開帳) 천심출맥(穿心出脈)을 위한 회합(會合)된 의지(意志)를 지니고 좌우로 펼치는 현상이다.

2   혈장(명당)의 구조

(1) 입수두뇌(入首頭腦)

천심(穿心) 내룡맥이 혈장을 형성키 위해서 입력되는 산 에너지 통로를 입수맥이라 한다. 이곳으로 입수된 에너지를 다시 혈장에 공급하기 위해서 일시적으로 에너지를 저장하는 장소가 입수두뇌이다.

혈장 내 모든 구조로 전달되는 에너지는 모두 입수두뇌로 부터 공급되는데 다음과 같은 질서에 따라 전달되어 유지된다.

① 입수두뇌: 1, 6 순으로 수(水) 기운이 도는 주기를 갖는다. (1, 6, 11, 16…)

② 입혈맥 전순: 혈장 공급에너지 통로와 전순, 안산 동조에너지 통로 2, 7 순으로 화(火) 기운이 도는 주기를 갖는다. (2, 7, 12, 17…)

③ 청선익: 청룡 측 동조 에너지장에 의해 형성되는 청측 혈핵에너지 응축 장치로 3, 8 순으로 목(木) 기운이 도는 주기를 갖는다. (3, 8, 13, 18…)

④ 백선익: 백호측 동조 에너지장에 의해 형성되는 백측 혈핵에너지 응축장치로 4, 9 순으로 금(金) 기운이 도는 주기를 갖는다. (4, 9, 14, 19…)

⑤ 혈장 당판: 5, 10 순으로 토(土) 기운이 도는 주기의 질서에 의해 최종 혈핵이 형성되며, 5, 10, 15, 20, 25, 30의 주기 질서를 따라 혈판 응축이 쌓이게 된다.
⑥ 명당(明堂): 5, 7 순으로 토(土), 화(火) 기운이 도는 주기를 갖으며, 혈장 당판이 원만하고 안정하게 완성될 수 있게 전순과 혈핵의 완충 안정 작용을 한다. (5, 7, 10, 17…)

단, 혈장 형성 순서는 혈핵 형성의 절대적 질서 체계에 의해 객산에 해당하는 안산(주작)이 먼저 주산(현무)을 기다리고 있어야 한다. 이를 선도후착(先到后着)이라 한다. 주작이 선도하여 먼저 와 있어야 하며, 이후 현무가 후착하여야 한다. 이후 순서는 청백의 후착, 주작 선도, 청룡 선도, 백호 후착이 되어야 한다. 만약 청룡이 아닌 백호가 선도되어 왕성하면 좋지 못하며, 더욱이 좌측의 청룡선익을 깨뜨릴 정도면 그 자리는 더욱 피해야 한다.

(2) 귀사(鬼砂)
에너지체 입수두뇌의 후단에서 발달하여 혈장 공급에너지를 확대 증폭시켜 준다.

① 가운데 귀(正鬼): 입혈맥 에너지 증폭 작용을 한다.
② 좌측 귀(左鬼): 청선익의 재응축하도록 작용을 한다.
③ 우측 귀(右鬼): 백선익의 재응축하도록 작용을 한다.

(3) 요사(曜砂) 에너지체

청, 백 좌우에서 혈핵 에너지를 재응축하도록 작용을 한다.

(4) 관사(官砂) 에너지체

전순 아래쪽의 가운데, 좌, 우 단에 발달하여 혈핵 하단부를 재응축 동조토록 한다.

① 정관(正官): 혈핵 하단 중앙부에서 재응축 동조 작용을 한다.
② 좌관(左官): 혈핵 우단 중앙부에서 재응축 동조 작용을 한다.
③ 우관(右官) : 혈핵 좌단 중앙부에서 재응축 동조 작용을 한다.

(5) 분계수

반드시 분합(分合: 나눠지고 합치는 것)이 명료해야 하고 파구 방향(예. 자좌오향(子坐午向)) 기준의 경우: 진손사(辰巽巳), 미곤신(未坤申)) 이외의 부분에서 혈판 이탈이 발생해서는 안 된다. 좌향에 대한 보다 자세한 내용은 '제5장 방위세론'을 확인토록 한다.

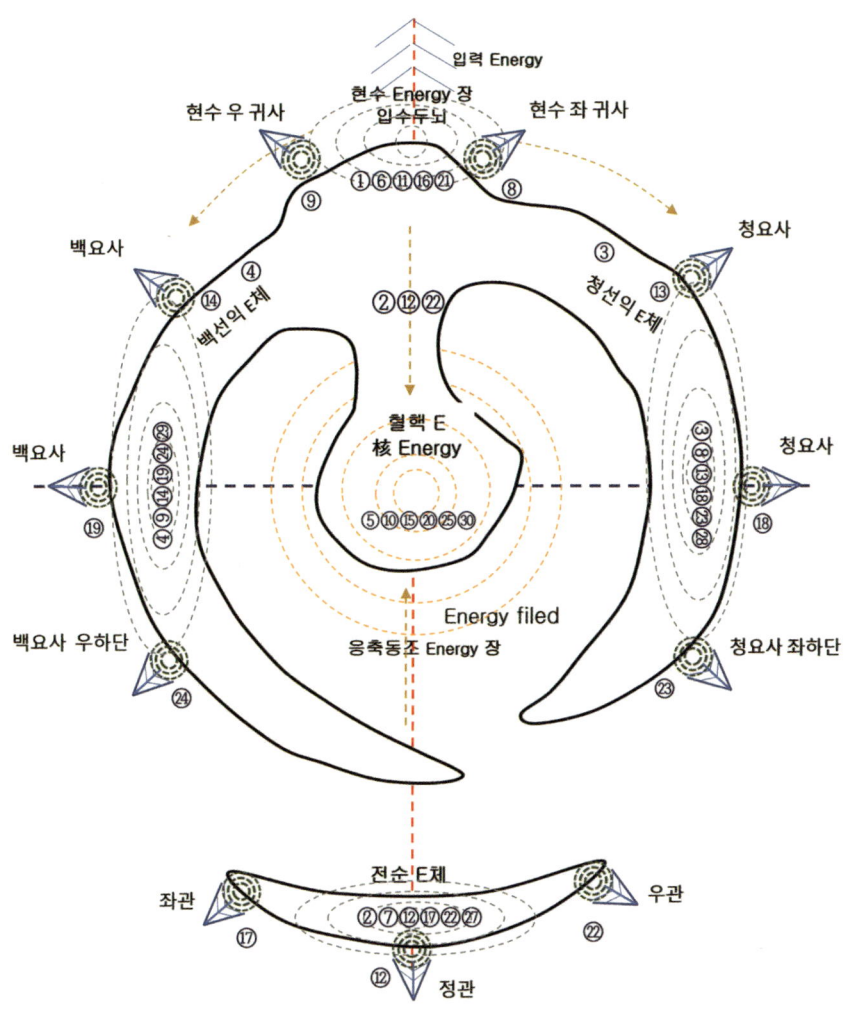

혈장 구조 내 명칭 및 형성순서도

* 겹치는 숫자는 동시에 작용한 순서이다.

제3장

풍수지리 분석 및 평가

1 풍수 분석법

집터 혹은 묘터의 풍수 입지를 찾기 위해서는 풍수지리의 기능별 분석법을 익히고 단계별 순서대로 확인하는 과정을 밟아야 한다.

먼저 산맥 흐름의 전반적인 모습을 통해 용맥(龍脈)인 땅의 흐름 그 자체를 파악한다. 용은 좌우 방향의 굴곡과 상하 방향의 기복을 통해 변화의 움직임을 보이는데, 이를 통해 산맥의 생사(生死)를 판별하게 된다. 즉, 산의 크기와 높낮이를 보고 산맥의 길고 짧음 등의 역량(力量) 정도에 따라 용세(龍勢)를 판단하게 되며, 땅의 표면과 땅속 지반 사이로 흐르는 기운인 에너지의 변화를 판독하게 된다. 이는 맥(脈)이라 하여 땅의 생기 에너지가 흐르는 통로를 말하며, 인체의 근골 조직인 혈맥과도 같다 할 수 있다. 용맥의 흐름을 분석하면 용의 모습이 변화가 있게 진행하다 취기에 의해 머물러 안정되는 곳을 찾을 수 있는데 이곳이 바로 '혈처(穴處)'인 명당이다. 혈의 주변에는 산이나 언덕 같은 사(砂)와 물의 흐름을 볼 수 있으며, 이를 통하여 내룡맥세(來龍脈勢), 국세(局勢), 풍수세(風水勢), 혈장세(穴場勢)를 차례대로 확인하여 터 입지 전반을 분석하는 과정을 수행해야 한다.

첫째, 내룡맥세(來龍脈勢)를 확인한다. 혈장(穴場)에 입력되는 산맥의 흐름을 분석하는 것이다.

둘째, 국세(局勢)를 확인한다. 혈 주위의 모든 사(砂: 주산, 안산, 청룡, 백호)인 산과 언덕의 흐름을 보는 것이다. 즉 혈장 주변 산들의 고저(高低), 대소(大小) 등의 짜임새를 말한다.

셋째, 풍수세(風水勢)를 확인한다. 바람과 물의 흐름을 보는 것인데, 이는 득수와 득파를 분별하고 풍수의 기본 원리인 바람과 물이 조화를 이뤄 지형에 미치는 영향력을 파악하고 분석하는 기틀이 된다.

넷째, 혈장세(穴場勢)를 확인한다. 내룡맥세(혈처와 직접적으로 관계되는 주변의 사(砂)로 주산의 혈장과 입수두뇌, 내청룡, 내백호, 선익, 요도)에 의해 입력되는 용맥의 흐름을 전체적으로 파악한다.

특히 혈장세의 분석법은 다시 세분화하여 아래의 순서대로 파악토록 한다.

첫째, 용맥과 혈장의 두뇌(頭腦) 부분을 이어 주는 입수(入首)를 파악한다.

둘째, 혈장의 핵심 부분의 중심 지점인 혈심의 왼쪽에 위치한 청룡

선익(蟬翼)과 또한 마주하고 있는 우측 편의 백호 선익을 통하여 입수에서 내려온 혈처의 좌, 우측에서 혈핵(穴核)을 보호하고 혈장에 육성(育成) 및 응축 기운을 공급하는지를 파악한다.

셋째, 혈장의 혈심 앞부분(혈판의 아래쪽)에서 혈핵을 응기하고 보호하는 전순의 유무를 파악하여 내맥이 혈을 형성할 수 있도록 완벽한 차단력을 가지고 있는지를 분석한다.

이러한 분석적 방법은 모든 풍수입지 분석에 기반이 되는 전통적 풍수지리 방법론의 근간이 된다. 방법론은 간산법(看山法)과 관산법(觀山法)에 의해 그 해답을 얻을 수 있는데, 답사 현장에선 두 방법을 모두 활용할 수 있어야 한다. 대부분의 풍수인은 평지나 낮은 산기슭 아래에서 간산법을 통해 혈처를 찾으려 하지만 산 정상과 능선에 올라 멀리 내려보고 살피는 과정이 반드시 선행되어야 한다. 그러지 않고서는 산을 올바로 볼 수 없다. 이때 필요한 방법이 눈으로 보는 간산법과 더불어 나 자신의 맑은 영(靈)적 기감(氣感)이자 마음으로 읽는 관산법으로 산의 의지를 읽어 내야 하는 것이다. 산을 눈으로만 보고 판단하는 것은 한계가 있기 때문이다. 이 과정을 어려워하거나 두려워하면 그 산의 의지를 모두 알 수가 없어 산이 오고자 함인지 아니면 가고자 함인지도 판단이 안 서며, 산을 본다거나 다른 이들이 이미 터를 잡은 양택지나 음택지에 대한 좋고 나쁨조차도 올바르게 볼 수 없게 된다.

산 정상에서 내룡맥을 확인하는 과정은 다음과 같다.

첫째, 조산에서부터 현무정을 거쳐 내룡맥을 타고 내려오면서 용맥의 중심을 차례대로 살펴본다. 용맥의 변화 모습을 확인할 때는 전, 후, 좌, 우, 상, 하 모두를 살핀다.

- 상, 하 확인: 부동체인 나무, 돌 등을 기준으로 운기(기의 흐름)를 살핀다.
  : 천체(天体)의 기운은 자연의 지상 부분에 해당되는 부동체의 모습으로 확인할 수 있다.
    ① 토질의 윤기와 주변의 나무, 돌 등의 모양, 색 등으로 기운의 강약을 파악한다.
    ② 지기와 혈장의 기운은 조직의 결이 어떻게 나 있는지를 살피고 입체구조와 선구조의 안정 및 질서, 균형 등을 살피게 된다.
- 동시에 전, 후, 좌, 우를 살핀다. 이는 내룡맥의 형태와 구조를 파악함에 있어 중요한 판단법이다.

둘째, 수구사(水口砂) 혹은 수구(水口)를 살핀다. 이는 청, 백의 관쇄 되는 지점을 보고 전단과 후단을 파악하는 것이다. 즉, 산 입구에서 파구(破口: 물이 빠져나가는 지점)되는 지점을 보면 혈을 알 수 있게 된다.

셋째, 마지막으로 전체 국세(局勢)를 살피고 입지 분석의 결과물을 도출하게 된다.

◆ 풍수용어

육성(育成) 어떤 대상의 역량을 키워 주고, 기운을 보태 주는 작용이다. 청룡과 백호맥이 본신룡(本身龍)에 작용하는 주요 기능 중의 하나이다.

득수(得水) 혈장에서 처음 보이는 곳으로 지점으로 내득수와 외득수가 있다.

득파(得破) 혈장 앞을 지나 흘러가는 물이 마지막 보이는 지점이다. 수구라고도 한다.

수구(水口) 혈장 앞에 모인 물이 흘러나가는 곳을 총칭해서 부르는 용어다. 수구의 위치에 따라서 득파와 파구 용어를 혼용하여 쓰인다.

수구사(水口砂) 혈장에서는 보이지 않는 산으로 물이 흘러가는 파구에서 물의 흐름을 더디게 하는 바위섬의 사(砂)이다.

파구(破口) 혈장에 바람과 물이 흘러나가는 지점으로 내득수 물이 합하여 흘러가기 시작하는 지점이다. 수구라고도 한다.

장풍득수(藏風得水) 기(氣)가 오는 것은 물이 있어야 인도(引導)되는 것이고, 기가 멈춤은 양쪽의 물이 만나 경계를 지어야 하며, 기의 모임은 바람에 기인한다.

2   터를 평가하는 방법

 영적(靈的) 기감(氣感)에 의한 평가를 아래의 각 항목별 평가 원리 기준에 준하여 차례대로 영감(靈感: 예감이나 느낌)토록 한다. 이 부분은 관산법(觀山法)에 해당하는 부분으로 우선 간산법(看山法)에 의한 판단 및 분석할 수 있는 기법인 '제4장 풍수 지형의 분석법'을 익혀 선행한 다음 점진적으로 함께 활용하길 권한다.

  (1) 선도후착 동조 특성 측정에 의한 평가로 응축 조직 측정을 한다.
   • 현수 입력의 응축 동조 에너지 측정
   • 전호, 환포, 조래수의 응축 동조 에너지 측정
   • 안산의 선도 응축 동조 에너지 측정
   • 청백의 선도 응축 동조 에너지 측정

  (2) 동조(同調) 에너지 벡터량(vector: 크기와 방향으로 정해지는 양) 측정에 의한 평가로 벡터량 변화율을 측정한다.

  (3) 생기맥 측정에 의한 내룡맥을 평가한다.
   • 5기(氣) 5형(形)의 산, 다섯 가지의 5변역(變易) 질서, 취기 질서,

분벽 질서, 요도 질서, 지각 질서, 중출 천심맥 질서, 혈장 증거

(4) 안정 구조에 대한 증거를 찾아 평가를 한다.
- 취기, 분벽, 요도, 지각, 성혈의 평가

(5) 혈장 구조질서에 의한 평가를 한다.
- 입수두뇌, 입혈맥, 좌선익, 우선익, 혈핵, 혈장(명당), 전순, 귀사, 요사, 관사, 분계수 구조 질서의 평가

(6) 국동조 에너지장의 원만 응축 동조 작용을 평가한다.
- 현수와 안산 간의 응축 동조 작용
- 청룡과 백호 간의 응축 동조 작용
- 혈장의 입수두뇌와 전순 응축 동조 작용
- 혈장의 좌, 우 선익의 응축 동조 작용
- 혈장의 귀, 관, 요사 응축 동조 작용
- 혈장의 계수명당 응축 동조 작용

(7) 혈핵 에너지장의 발응(發應: 나타나는 반응)을 평가한다.
- 길흉장단(吉凶長短): 좋고 나쁨, 길고 짧음의 정도의 평가
- 선악미추(善惡美醜): 과하거나 치우침의 정도의 평가
- 대소강약(大小强弱): 크고 작고, 강하고 약함의 정도의 평가
- 정사평준(正斜平準): 바르거나 비뚤거나 균일함의 정도의 평가

- 이합집산(離合集散): 흩어짐과 모임의 정도의 평가
- 원근광협(遠近廣狹): 멀고 가깝고, 넓고 좁음의 정도의 평가
- 남녀노소(男女老少): 남자와 여자, 늙음과 젊음의 정도의 평가
- 형제차서(兄弟次序): 형제 순서의 평가
- 부귀수명(富貴壽命): 재산, 지위, 수명의 정도의 평가
- 고저심천(高低深淺): 높고 낮음, 깊음과 얕음의 정도의 평가
- 원방곡직(圓方曲直): 둥글거나 모나거나 굽음과 곧음의 정도의 평가

예)
대소강약을 평가할 때 내맥은 큰데 혈장이 작으면 안 된다. 반대로 내맥은 작은데 혈장이 커서도 안 된다.
정사평준의 평가는 혈장의 기울어짐을 확인하는 것이다.
이와 같이 각각의 요소별로 평가의 기준을 세워 보도록 한다.

> **Tip**
>
> **입혈맥 평가**
> - 혈맥이 길게 내려오면 장손이 약하고 차손 발복이 빠르다.
> - 입혈맥이 짧으면 장손 발복이 빠르다.
> - 입혈맥이 청룡으로 기울면 후실손의 청룡 자손이 우선 발복한다.
> - 입혈맥이 백호로 기울면 후실손의 백호 자손이 우선 발복한다.

◆ **풍수용어**

선도후착(先到后着) 주산과 객산인 안산과의 관계에서 주산의 종착 시점보다 안산이 먼저 도달하여 기다리고 있는 혈핵 형성의 절대적 질서 원리이다. 혈장 형성 순서를 참조토록 한다.

전호(纏護) 감고 호위한다는 뜻으로 주변 산세들이 등지지 않고 둘러 보호하며 혈을 보호하는 것이다.

환포(環抱) 산 또는 물이 혈장 앞 180° 지점을 좌선 또는 우선하여 혈장 좌우 60° 지점 이상을 감아 둘러싸는 것이다.

조래수(朝來水) 안산이나 조산 쪽에서 혈장을 향해 흘러오는 물이다. 조래수가 혈장을 향해 사수(射水)처럼 곧바로 흘러오는 것은 좋지 않으며, 굴곡을 보이며 흘러오는 것이 길하다. 재물과 사회적 기운과 관련된다.

3 관산법(觀山法)으로 산을 보아라

관산법은 실제 눈으로 보는 것이 아니라 마음으로 보는 것으로 풍수의 영적 관법에 해당한다. 즉, 산과 나의 영(령)이 서로 감응하여 대화하는 원리이다.

산과 혈장의 영감적 성상과 의지 분석법은 다음과 같으나 처음에는 그 내용조차 이해하기 힘들며, 이해가 되는 시점이 오더라도 실제 적용하는 데 있어 많은 시간과 노력이 필요하다.

① 산과 혈장의 하늘(天) 기운과 지기(地氣)세에 대한 영감적 성상과 의지를 분석한다.
② 산과 혈장의 국(局)에너지의 천체 에너지장 동조 특성과 천체 운성을 분석한다.
③ 산과 혈장의 천체 에너지장 동조 특성과 천체 동조 지기의 각 위치별 지기세를 분석한다.
④ 국 에너지장 동조 특성과 혈장 에너지장 동조 특성을 분석하여 파악하고 혈핵(穴核) 천지기(天地氣)의 동조 에너지장 특성을 종합적으로 합성하여 분석한다.

방법론에 있어선 여러 수련 과정이 있을 수 있겠으나 본 책에는 스스로 연마할 수 있는 무상심법과 실제 산과 대화할 수 있는 법을 안내토록 하겠다.

1) 무상심법(無上心法)

관산을 하기 위해서는 무상심법(無上心法)을 우선 익혀야 한다. 자기 자신의 감정과 욕심을 버리는 극기(克己)를 하여 본령(本靈)에 다가가야 한다. 본령에 다가간다는 것은 산의 령과 사람의 인령이 합쳐 하나가 되어야 한다. 이를 자타공일(自他共一)이라 한다. 바로 자타공심(自他共心)인 선입견을 버리고 마음을 비우는 무심(無心)의 과정이 본령에 다가갈 수 있는 길이다. 즉, 산에 와서는 모든 것을 버려야 산과 대화할 수 있는 관산이 된다는 의미다.

산을 보기 위한 무심(無心)의 자세 및 관조(觀照)는

- 내가 느끼는 것을 자제하여야 한다. 즉, 희로애락(喜怒哀樂: 기쁨과 노여움과 슬픔과 즐거움)을 버려야 한다.
- 아름답게도 밉게도 보이지 말아야 한다.
- 산에 취해서도 안 된다.
- 무심의 자세를 갖춘 후에는 고요하게 관조(觀照: 지혜로 사물의

실상을 비추어 보는 것)를 한다. 평면적으로만 보면 이쪽 언덕(차암: 此岩)과 저쪽의 언덕(피암: 彼岩)을 치우쳐 보게 되니 산을 볼 때는 산 위에서 아래와 주변 사신사를 입체적으로 보아야 하는 것이다. 이는 자기 자신을 돌아볼 때도 관계성을 보아야 하는 이치이다. 즉 혈장 안에서는 혈장과 사신사, 혈장과 주변 풍수의 관계를 보는 이치이다. 그래서 자연을 보려면 영혼이 맑고 청렴해야 하며 무단한 노력을 필요로 하는 것이다.

2) 산과의 대화법

간법을 보는 단계에서도 공간적 사고단계에 따라 평면적 사고→양면적 사고→입체적 사고→전체적 사고의 단계를 거쳐야 하기에 간법으로 산을 보는 것 자체만으로도 어려운 과정이지만 간법을 통해 정확히 산을 파악하였는지는 관법을 통해 산을 읽는 과정을 밟아야 진정한 풍수인이라 할 수 있다. 그래서 간법과 더불어 무심에 의한 관조를 하여 사고의 단계마다 본질적 사고인 이성적 사고를 필요로 한다. 간법은 산 입구에서부터 시작하여 주산 위에서의 간법과 혈장에서의 간법 단계를 거쳐야 하는데, 산을 오르는 시점부터는 관법을 통해서 기운을 느낄 수 있어야 하며, 이성적 사고 단계에서는 산과 대화를 통해 산의 의지를 읽어 낼 수 있어야 한다. 즉 질문을 통해 '산이 왜 왔는가?', '요도가 왜 생겼는가?', '분벽을 한 이유는 무엇인가?', '산의 주체

기운은 어디로 가는가?' 등 궁금한 것을 그때그때 물어보아야 하며, 그 답을 산의 령(山靈)과 일심(一心)의 합(合)을 통해 산 에너지체의 의지를 들을 수 있어야 한다.

대화의 방법적 요령은 다음과 같으며, 그에 대한 응용과 해법은 풍수인이 되고자 하는 나 스스로 깨쳐야 하는 과정이 필요하다.

3) 산과의 대화 요령

(1) 머릿속 수많은 잡념의 생각을 버리고 1m를 갈 때마다 물어보며 살펴보도록 한다. 세 발자국을 지날 때마다 산을 느껴야 하며, 그냥 스쳐 갔다면 다시 가서 물어보도록 한다.

(2) 산령은 어떤 방식으로 답해 주고 그것을 어떻게 느끼는 건가?
산령은 아버지가 아들의 물음에 답을 해 주듯이 조건 없이 있는 그대로 답해 준다. 그 답은 순수하며, 가르치는 마음으로 거짓됨이 없다. 믿음에 불신을 전제로 하면 절대 답을 얻을 수 없다. 그럼 어떻게 느끼는 것인가? 있는 그대로 보여지며, 잘못된 것이 있다면 섬뜩함을 느끼게 될 것이다. 아래의 '영감적 성상과 의지의 분석평가 기준 원리'를 참고토록 한다.

(3) 물어보는 자세는?

물어보는 바른 자세는 노력하는 모습으로 진실되게 물어보며, 충심으로 그리고 효심으로 겸허하게 묻도록 한다.

이 모든 요령은 나의 영으로 묻고 나의 영으로 듣는 것이다.

* **영감적 성상과 의지의 분석평가 기준 원리**
  - 영혼의 의지가 무엇인가?
  - 맑고 청정한 것인가?
  - 밝고 광명한 것인가?
  - 거룩하고 위대한 것인가?
  - 원만균등 안정된 것인가?
  - 착하고 아름다운 것인가?
  - 자비롭고 은혜로운 것인가?
  - 항상스럽고 변함이 없는 것인가?
  - 지혜롭고 정대한 것인가?
  - 바르고 화해로운 것인가?
  - 진실 되고 거짓 없는 것인가?를 기준으로 영능적 의지를 파악하여 분석한다.

4) 관산(觀山)하는 순서

산의 위쪽과 아래쪽을 보면 산의 생사(삶과 죽음)를 알 수 있다. 산의 위쪽은 생기되는 모습을 보는 것이며, 산 아래쪽은 소멸, 환원되는 모습을 보는 것이다. 안정적 소멸되는 산은 소멸과 환원되는 모습도 아름답게 보여진다. 그래서 골짜기가 안정된 곳은 그 넓이와 물이 흐르는 구성비가 맞게 유유(唯唯)하게 흐르게 된다. 자 그럼 지금부터 관산하고자 하는 산을 보는 순서를 익혀 보자.

(1) 관산을 하기 위해서는 평소에 바른 자세를 지녀야 혈장을 반듯하게 볼 수 있으니 항상 바른 자세를 갖도록 노력한다.
(2) 산을 오를 때에는 마음을 비우고 무상심법으로 조산(祖山)을 살피며 오른다.
(3) 산에 오르면 조산(祖山)을 먼저 살피고 현무정(玄武頂)을 거쳐 내룡맥을 타고 내려오면서 용맥의 중심을 본다.
(4) 전, 후, 좌, 우, 상, 하를 살핀다.
① 전후좌우는 한 발자국 움직일 때마다 변화되는 부분을 유심히 살피며 보고자 하는 증거를 찾도록 한다.

② 상하의 기운은 주변 움직이지 않는 부동체(不動體) 즉 나무나 바위 등을 기준으로 증거를 살핀다.
  - 상(上)의 위쪽은 천체 에너지장의 기운으로 자연의 윗부분 모

습을 본다.
- 천기가 잘 뭉쳐 있는 곳의 소나무 솔방울은 동그라며 나무는 둘레가 굵으면서 크기는 낮다. 토질은 윤기가 있으며, 돌은 강직하다.
- 골짜기에서 자란 나무는 길쭉하고 가느다랗다. 크게 자라긴 하나 푸석하고 윤기가 없다. 천기가 없는 곳은 토질도 잿빛을 띤다.

- 하(下)의 아래쪽은 지기 에너지장의 기운으로 땅바닥이나 산 지표면 조직의 결이 어떻게 나 있는지를 살핀다.
  - 입체와 선 안정을 유지했는가?
  - 입체는 안정적으로 서 있는가?
  - 출맥이 질서 있고 정확하게 나갔는지를 살핀다.
  - 역학(力學) 원리적으로 질서를 파악한다.

③ 혈장까지 파악한 후 수구사를 살핀다.
- 청룡과 백호의 관쇄점을 보고 전단과 후단을 파악한다. 산 입구에서 파구점을 보면 혈을 알 수 있다.
  예시)
  - 지각(止脚)이 있는 청룡과 백호의 관쇄는 대부분 큰 혈이다. 지각을 뻗으려면 청룡과 백호의 사이가 멀어져서 공간이 커지기 때문이다.
  - 지각(止脚)이 붙어서 맞물리는 경우는 없으며, 긴밀하게 관

쇄된 경우 적정량의 물과 바람이 입출한다. 국이 좁으면 소혈이 맺힌다.
- 지각(止脚)을 뻗지 못한 경우는 청룡과 백호 에너지가 부족하기 때문이다. 지각이 보이지 않거나 확인되지 않는 청룡과 백호인 경우 혈장의 중심이나 내부 어딘가가 상처가 나서 해(害)를 입은 곳이 있을 것이다.
- 물과 바람은 25% 내에서 수구를 통해 입출해야 한다. 그 이상인 경우는 간섭 작용에 의해 혈이 파괴된다.

④ 산에서 내려올 때는 조안산(朝案山)과 청룡과 백호의 관계를 살피면서 전체 국세(局勢)를 살핀다.

제4장

풍수 지형의 분석법

1 내룡맥세(來龍脈勢) 관찰
- 산계(山系)와 수계(水系)의 흐름을 분석하라

대한민국 지형의 풍수를 익히려면 백두대간의 산맥(용맥)과 하천의 물줄기 흐름을 파악할 수 있어야 한다.

① 태조산, 조중산, 중조산, 소조산(주산)의 성상(性相)과 기형(氣形) 및 내룡맥세(來龍脈勢)를 관찰한다.

- 성(性)과 리(理)는 현상의 본성과 본질 즉 영혼과 그 의지를 의미한다.
- 상(相)은 그 본 바탕의 현상 이전의 성리(性理: 성품과 자연의 이치)에 본질(本質: 본바탕)적 관계 상(相)을 의미한다.
- 기(氣)는 상(相)의 상호 관계 작용을 의미한다.
- 형(形)은 기(氣)의 형상을 나타냄을 의미한다(현상화: 現像化).

② 중출 천심맥과 전후좌우 전호사(纏護砂: 혈을 보호하는 주변 산세)와 내룡맥세를 음양오행 관법(觀法: 관산법)으로 세밀히 관찰한다.

- 선악미추: 과하거나 치우침의 정도
- 대소강약: 크고 작고, 강하고 약함의 정도
- 원방곡직: 둥글거나 모나거나 굽음과 곧음의 정도
- 정사평준: 바르거나 비뚤거나 균일함의 정도
- 원근장단: 멀고 가깝고, 길고 짧음의 정도
- 길흉완급: 길함과 흉함의 느림과 빠름의 정도

> **Tip**
>
> **원근동조(遠近同調)**
> ◆ 원근장단을 살펴 원근동조를 보는 것은 조종산과 그 아래 손자산이 서로 동조를 하는지 조산과 안산이 동조를 하는지를 관찰하는 것이다. 특히 조종산과 손자산 동조가 잘되어 있어야 원근동조가 되는 것이다.

③ 내룡맥, 조산, 안산의 성상(性相)과 기형(氣形)과 내룡맥세를 음양오행 관법으로 세밀히 관찰한다.

④ 관찰법은 영(靈)적 기감(氣感) 관찰을 먼저하고 다시 세밀히 육감으로 증명 관찰함을 원칙으로 한다.

⑤ 내룡맥, 조산, 안산의 관찰이 완료되면 사신사의 선도후착 질서를 파악하는 국세(局勢) 확인 단계로 넘어간다.

1) 산계(山系)

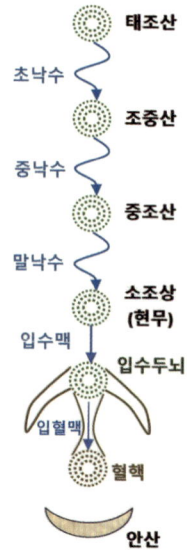

산계의 흐름 분석은 조종산과 내룡맥세를 관찰하는 것이 기본이다.

태조산, 중조산, 소조산을 일컬어 조종산(祖宗山)이라 한다. 풍수에서 조종산을 중시하는 이유는 혈의 규모나 역량 및 성격이 달라진다. 내룡은 산계의 단계마다 그 에너지를 이동시켜 주는 산맥(山脈) 혹은 용맥(龍脈)을 일컫는다.

- 태조산(太祖山): 혈장에너지의 근원처로 멀게는 백두대간의 시작점인 백두산을 칭하며, 실제는 혈장의 근원처가 되는 시작점의 산을 뜻한다.

- 중조산(中祖山): 태조산 다음의 특출한 산을 칭한다. 크게는 조중산(祖中山)과 중조산(中祖山)으로 나누기도 한다.
- 소조산(小祖山): 혈장에 입수하기 전 에너지가 집합된 산으로 혈장에 직접적으로 영향을 미치는 산이다. 사신사의 현무(玄武: 주산(主山))에 해당한다.

산계와 내룡을 관찰해야 할 내용과 순서는 다음과 같다.

① 용맥의 단절 여부 - 혈장 에너지 공급선 문제를 파악한다.
② 용맥이 깨지거나 파손 여부 - 혈장의 에너지 공급의 피해 정도를 파악한다.
③ 에너지체의 이동질서 원리 분석 - 내룡의 법칙 질서에 따른 θ=∠30°×n 변역각을 확인한다.

다음은 백두산에서 지리산까지의 산계와 서울 수도권 내 한북정맥, 한남정맥의 산계를 간단히 기술하였으니 참고토록 한다.

(1) 백두산에서 지리산까지의 산계

백두산(2,744m)에서 시작된 백두대간의 줄기를 따라 분벽(分擘)에 의해 각 분기점에 이르기 까지 잦은 재와 령이 발생하며 오르내림의 고저(高低) 차이를 형성한다. 1대간 1정간 13정맥으로 나누어지면서 강산이 만들어지는 산계의 흐름을 파악해야 한다. 즉, 한반도 판구조의 지하 융기 흐름체는 선구조(線構造)로 구성되어 지면서 백두대간을 형성하고 있는 것이다.

추가령에 이르러서는 586m까지 높이가 내려가고 매봉산 분기점에서 속리산 천황봉에 이르기까지 60여 차례 이상의 재와 령이 오르내림을 반복하면서 1,058m까지 회복을 하여 용맥의 기운이 이어지며, 추풍령을 거쳐 지리산 최고봉인 천왕봉에 이르러서는 그 힘(氣運)을 발휘하여 해발 1,915m 높이까지 솟아오른 후 백두대간의 흐름을 마감하고 있다.

13개의 정맥이 분벽 하는 과정에서 지표 융기가 가지고 있는 힘의 분산 현상과 은변역(隱變易) 내룡맥 구조 특성이 내재된 백두대간의 산맥 융기 현상 특성이 기인하고 있음을 볼 수 있으며, 이러한 선구조 특성은 입체적 특성이 강한 중국의 판 대륙 구조와는 다른 특성을 지니고 있음을 파악해야 한다. 즉, 한반도 전체는 13개의 정맥이 분벽되어 형성된 백두대간으로 용맥의 기운이 균형적이면서 분배적인 특성을 보여 주는 선구조적 장점을 보이고 있다.

즉, 다음과 같이 산계의 특성을 파악하는 방법을 알아야 한다. 재와 령은 산이 갖고 있는 힘의 기운체가 이동하며 발생하는 흐름으로 약한 용맥인 경우 흐름의 정도가 짧고 길이가 좁으며 고저의 차가 낮은 반면, 강한 용맥일수록 흐름의 정도가 크고 길이가 넓으며 고저의 차가 높게 형성한다. 이러한 용맥 흐름의 길이와 폭은 주산(현무)과 조산 간의 선도후착을 판단하는 중요한 기준으로 삼는다.

(2) 수도권 내 한북정맥의 산계

북악산(342m)의 내맥(來脈)은 백두대간의 분수령에서 이어진 한북정맥으로 백암산(1,110m)과 법수령을 지나 휴전선 바로 못 미쳐 오성산(1,062m)이 있고 남한 땅으로 넘어와 대성산(1,175m)으로 이어지며 북한강의 북쪽 백운산(904m)을 지나 서남으로 내려와 포천군과 가평군 접경에 이르러 운악산(963m)을 형성하고 포천에서 의정부에 닿아 축성령을 넘어서면 수도인 서울에 입성하게 된다. 이어 도봉산(739m), 북한산(삼각산)(837m)을 거쳐 북악산(백악)에 백두의 정기를 맺은 곳이 바로 수도 서울이다.

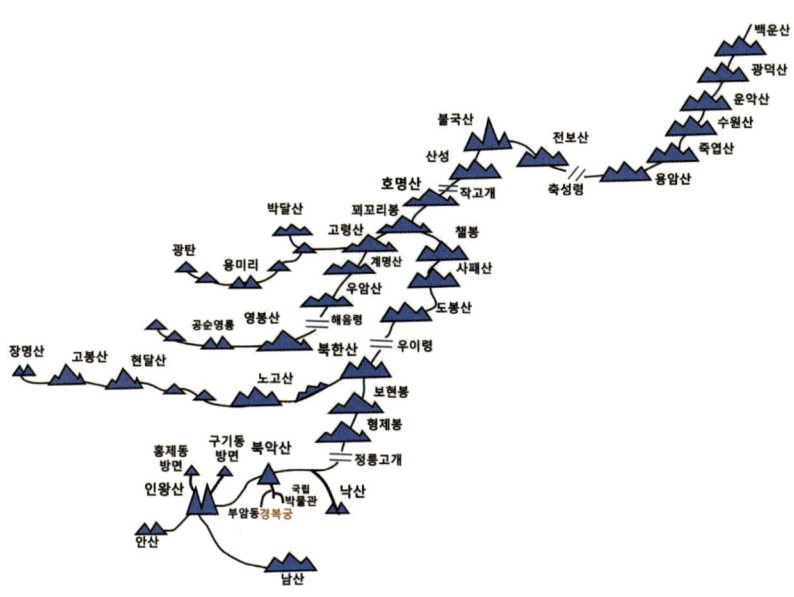

수도권 내 산계(한북정맥) 흐름도

(3) 수도권 내 한남정맥의 산계

한강 넘어 북악산을 마주 보고 있는 실질적 안산은 관악산(632m)이다. 관악산의 흐름 맥은 수원 광교산에서 북동쪽으로 뻗어 백운산에서 분벽 하여 북진하는 용맥으로 관악산에서 다시금 여러 바위의 봉우리 형태를 만들며 웅장한 산세로 발달시켰다. 이는 한강 넘어 한북정맥으로부터 이어진 북한산 백운대에서 이어온 북악산과 남산, 안산, 응봉산 등이 선도하면서 후착한 관악산이 상대적 안대 역할을 하면서도 더 강한 기운으로 작용하였기 때문이다. 선도후착의 가늠 기준은 재령의 이동 흐름에 따른 증거 현상으로 한북정맥과 한남금북정맥의 분기점인 추가령 지구대의 끝 지점에서부터 북악산까지 이어진 한북정맥은 47개의 재령을 만들었으며, 관악산까지 이어온 한남금북정맥은 210개의 재령을 만들며 내려왔기에 재령이 적은 한북정맥의 말단부인 북악산이 선도가 되어 주산이 되고 상대적으로 재령을 많이 형성하여 이어져온 한남금북정맥의 말단부인 관악산이 북악산에 비해 늦게 후착이 되어 안산이 되는 것이다.

이어 한남정맥의 지말단인 관악산에서 마주하는 북악산과 그 조산(祖山)인 북한산의 외국세(外局勢)에 의해 산세 형성을 마무리하여 좌측 용맥은 삼성산을 거쳐 영등포 당산동에 이르고 있으며, 우측 용맥은 우면산을 거쳐 강남 탄천 종착지에 이르고 있다. 중앙으로 뻗은 용맥은 봉천동 까치산 고개를 넘어 흑석동에 이르러 국립서울현충원(동작릉)까지 용맥을 형성하였다.

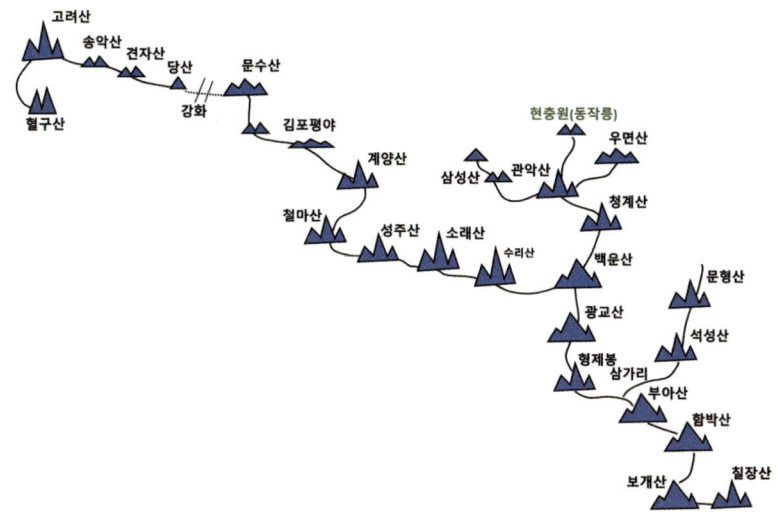

수도권 내 산계(한남정맥) 흐름도

> **Tip**
> - 소조산(주산)은 입수로부터 3절에서 5절 이내에 있어야 하며, 혈장을 향해 수려하게 머리를 드리우고 있어야 한다. 이를 수두(垂頭)라 한다.
> - 자식 중 장손은 초낙수(初落受)를 받아 기운이 제일 약하다. 단지 부모가 의지와 노력으로 키워서 강해 보이는 것뿐이지 실제 잘되는 자녀는 둘째인 경우가 많다.

💡 선도후착 질서의 관산 Point

(1) 정지한 것은 선도함이요. 움직인 것은 후착함이다.
(2) 감싸안으면 선도함이요. 감싸안지 못하면 후착함이다.
(3) 입체 에너지체는 선도함이요. 선 에너지체는 후착함이다.
(4) 와서 회합하면 선도함이요. 가면서 흩어지면 후착함이다.
(5) 일자산(一字山)이 멈추면 선도함이요. 일자산(一字山)이 진행하면 후착함이다.

◆ 풍수용어

선구조(線構造) 선과 같이 쭉 이어진 산맥 구조체의 지표를 말한다. 지각의 3대 분류 구조 형태로는 판구조, 입체구조, 선구조로 나뉜다.

은변역(隱變易) 산의 5변역(정(正), 종(從), 횡(橫), 수(垂), 은(隱)) 중 하나로 변위각 없이 절(節)에서 절(節)로 곧게 이어지는 맥이다. 한 산맥이 진행하다가 안정을 취하기 위하여 같은 크기와 힘으로 나눠지는 작용 현상이다.

초낙수(初落受), 중낙수(中落受), 말낙수(末落受) 중심이 되는 산에서 용맥이 내려와 다음 중심 산으로 이어지는 과정을 나눈 단계

2) 수계(水系)

풍수의 기본 원리 중 하나가 "산은 물을 건너지 못하고 물은 산을 넘지 못한다." 즉, 자연의 이치는 순리를 따른다는 것이다. 아무리 거대한 산이 활개를 치며 밀고 내려오더라도 물을 만나면 그 기세를 멈춰 세우며, 거센 흐름을 보이는 물살도 산을 만나면 스스로 몸을 낮추어 산맥을 따라 흘러 내려가기 마련이다. 또한 바람은 수계에 따라 같이 작용하는데 그 작용력에 따라 산하의 형체가 형성되며 땅의 기운을 품고 아름다운 산하를 빚어 혈처를 만들기도 하며, 더 나아가 훌륭한 인재를 낳고 기르기도 한다. 반대로 바람의 기운이 지형과 균형을 이루지 못하여 간섭적 영향을 일으키는 곳도 발생하는데 이런 지형에서는 땅의 기운이 산발되어 인간의 삶에 저해되는 나쁜 기운을 발생

시키기도 한다. 즉, 바람과 물이 얼마나 조화를 이루어 주변 형세와 잘 어우러져야 '혈처' 즉, 사람이 살기 좋은 곳을 형성하는 마을이 되며 거대 도시로 발전되는 명당이 되는 것이다. 다시 말해 그 강약의 정도에 따라 최고의 '길지'라는 말을 쓰기도 한다.

다음은 수도 서울 한강의 수계를 간단히 기술하였으니 참고토록 한다.

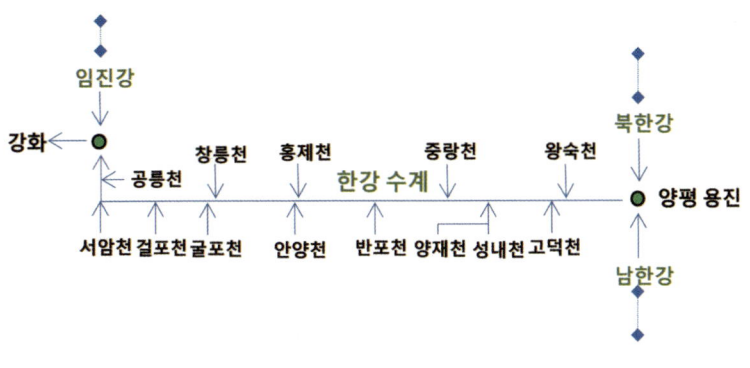

서울 한강수계 흐름도

수도 서울의 수계는 북한강과 남한강의 두 개의 큰 줄기가 양평 용진에서 서로 합치어 북한산(삼각산)에서 내려오는 여러 물줄기를 받아들이면서 서울 일대의 땅을 환포하게 되며 서북 방향의 서해로 흘러가게 된다. 북한산의 모든 산수의 줄기는 서울을 중심으로 모이며, 그 물줄기는 한강과 합류한다. 한강은 멀리 북동 방향에서 흘러와 남산의 남쪽을 감아 돌아 북서쪽으로 흘러가며 그 끝 쪽은 그 사라짐을 볼 수 없다.

(1) 북한강

북한강은 북한의 금강산(金剛山) 부근에서 발원한 금강천이 강원도 철원군의 금성천(金城川)과 합친 후, 휴전선 구역인 화천군 화천읍 지역에서 양구군 쪽에서 흘러온 서천(西川)과 수입천(水入川)등이 파라호와 춘천호를 이루고 춘천시의 의암호에서 소양강과 합류한다. 이어 가평군에서는 가평천(加平川)과 홍천강(洪川江)이 합류하여 북서 방향으로 틀어 서류하며 청평호를 이루고 외서면 청평리에서 조종천이 합류한 지점부터 남서 방향으로 길게 서류하다 경기도 양평군 양서면 양수리(용진)에서 남한강과 합류한다.

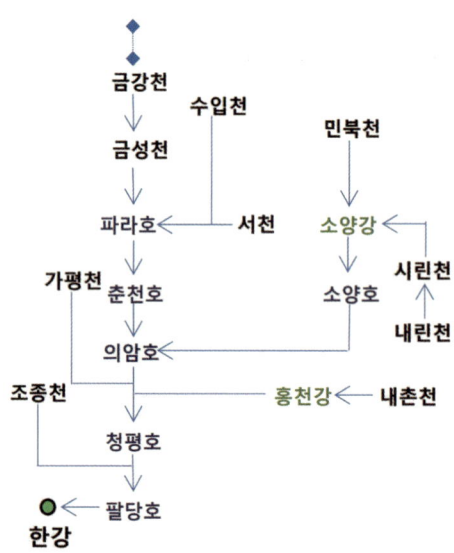

서울 북한강 체계도

(2) 남한강

남한강은 두개의 발원지로 나뉘는데 첫째는 강원도 오대산(五臺山 1,563m) 남쪽에서 발원한 오대천(五臺川)은 속사천(束沙川)이라는 명칭을 하여 남서로 흐르다 홍정천(興亭川)과 합류하여 평창강을 이루며 여러 지류를 합친다. 영월군에서 주천강(酒泉江)과 합류하면서 동쪽으로 물길을 돌려 서강(西江)이란 이름으로 흐른다. 둘째는 태백시 금대봉에 있는 검룡소에서 시작한 창죽천을 발원지로 하여 삼척시 하장면과 정선군 임계면을 흐르면서 골지천으로 이름을 달리하여 정선군에 이르러 조양강이라 불리고 정선읍 남쪽 가수리부터 영월에 이르기까지는 동강(東江)이란 이름으로 흐른다. 동강과 서강이 서로 합류하여 서쪽으로 물길을 돌려 충북 단양을 지나 충주호(忠州湖)를 이루고 충북 보은군 속

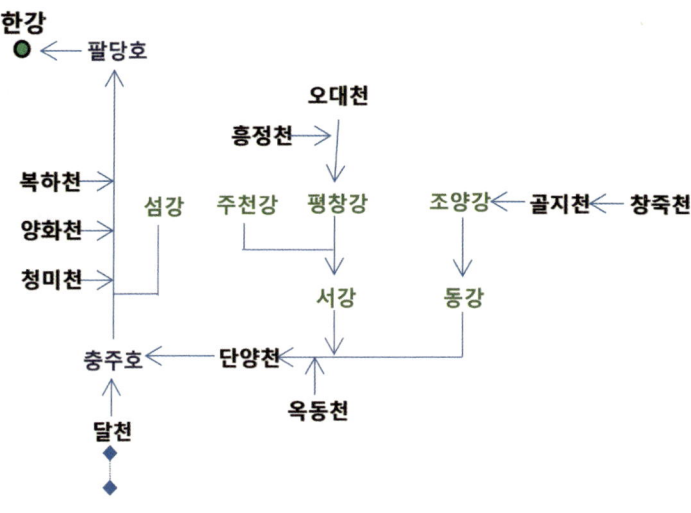

서울 남한강 체계도

리산에서 발원한 달천(達川)과 합류하여 점차 고도를 낮추어 북서쪽 방향의 구릉지대를 따라 흐르며, 섬강(蟾江)과 청미천(淸渼川)을 합류하여 경기도 여주를 관류하면서 양화천(楊花川)과 복하천(福河川) 등과 합류하여 양평군 양서면 양수리(용진)에서 북한강과 합류한다.

2 용세(龍勢)
- 산맥의 세력을 분석하라

　용세는 산계에서 용맥을 보고 살펴보는 과정 단계로 태조산에서 출맥한 내룡이 변화를 거듭하면서 중조산과 소조산(주산)을 형성하고 혈장을 만들기 위한 입수 직전까지의 세력이다.
　산의 원리를 형이상적 성리(性理)와 상(相) 그리고 형이하적 기(氣)와 형(形)으로 분석하고 이를 원리론적으로 해석한다.

- 성(性)과 리(理)는 현상의 본성과 본질 즉 영혼과 그 의지를 의미한다.
- 상(相)은 그 본 바탕의 현상 이전의 성리에 본질적 관계상을 의미한다.
- 기(氣)는 상(相)의 상호 관계 작용을 의미한다.
- 형(形)은 기(氣)의 현상화 형상을 의미한다.

　따라서 산의 성상(性相)은 산 본질의 바탕과 그의 성리적 관계를 살피는 것이고 기형(氣形)은 산의 현상적 특성을 살피는 것으로 기(氣)의 상호 관계 작용과 상(相)의 상호 관계 현상을 깊이 연구 분석하는 것이 중요하다.

1) 산의 오기(五氣)

- 수기산(水氣山)

기복이 단조롭고 마치 물 흐르듯 산의 내맥세가 이어져 가는 산의 기운.(물결이 흘러가는 모습.)

- 목기산(木氣山)

산 에너지체가 특립(特立)하여 커다란 기둥처럼 높이 솟은 산의 기운.(봉우리가 맑고 빼어나게 솟아 있고, 옆에 나뭇가지가 있는 것처럼 다른 봉우리가 붙어 있는 산.)

- 화기산(火氣山)

산 에너지체가 태강하여 마치 불꽃이 타는 형상을 한 산의 기운.(산봉우리 끝이 타오르는 불꽃 같으며, 붓끝처럼 뾰족하여 주로 문필봉(文筆峰)이라고도 한다.)

- 토기산(土氣山)

산 에너지체가 원만 후부하여 마치 커다란 시루(떡이나 쌀 등을 찌는 질그릇)를 엎어놓은 듯한 산의 기운.(산에너지가 충만하여 산 정상이 단정방평(端正方平)하여 일(一)자와 같아 일자문성(一字文星)이라 한다.)

- 금기산(金氣山)

입체 에너지의 양돌적 특성이 마치 둥근 우산을 펼쳐 놓은 듯한 산의 기운.(가마솥이나 종을 엎어 놓은 모습으로 산 에너지가 충만하며, 재물과 곡식을 쌓아 둔 모습과 같다 하여 부봉사(富奉砂)라고도 한다.)

2) 산의 오형(五形)

산의 모습과 형태에 따라 기본 성정(性情)을 오행에 맞추어 분류한 것으로 간산법(看山法)에 의해 산 멀리서 둘러보며 파악한다. 아직은 산을 파악하기 위한 선행 단계이므로 오행산의 사격(砂格)에 의해 인간의 길흉화복을 판단하기에는 아직 이른 단계이니 주의토록 한다.

- 수형산(水形山)

수기(水氣)를 이룬 산이 이어져 산맥을 이룬 산형으로 물결이 흘러가는 모습을 띤다. 재능을 주관한다.

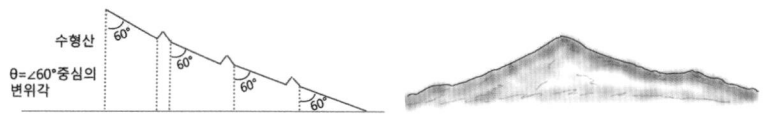

- 목형산(木形山)

목기(木氣)를 이룬 산이 커다랗게 또는 무리지어 목체 산맥을 이루고 있는 산형으로 30도 각의 높게 솟은 봉우리들을 볼 수 있다. 봉우리는 귀(貴)를 주관한다.

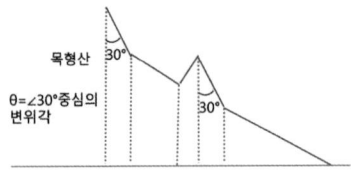 

- 화형산(火形山)

30도 미만의 봉우리들이 붓끝처럼 뾰족하거나 불이 타오르는 모습을 한다. 화기(火氣)를 이룬 산이 무리지어 화체 산맥을 이루고 있는 산형으로 명필 문장을 관장하여 문필봉(文筆峯)이라고도 한다.

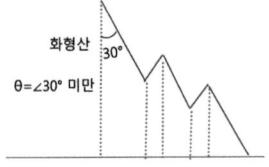 

• 토형산(土形山)

 토기(土氣)를 이룬 산이 중중하여 토체 산맥을 이루고 있는 산형으로 산에너지가 충만하여 산 정상의 모양이 단정하게 평평하다 하여 일자문성(一字文星)이라고도 한다. 부귀(富貴)하여 재산과 지위를 관장한다.

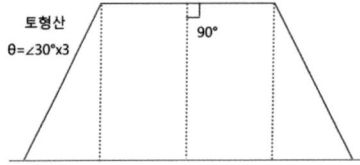 

• 금형산(金形山)

 금기(金氣)를 이룬 산들이 모여 전체를 금체형으로 만든 산형으로 산에너지가 충만하다. 바르고 둥글게 생긴 원정(圓正)한 모양으로 종을 엎어 놓은 모습과 같으며, 재물과 곡식을 쌓아 둔 모습과 같다 하여 부봉사(富峯砂)라고도 한다. 부(富)를 주관한다.

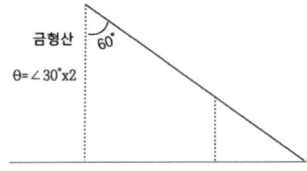 

3) 내룡맥의 산 모양 확인

내룡맥을 확인하기 위해 산을 직접 올라가면서 확인하는 단계로 간산법에 의해 최소한 소조산(현무)에서부터 혈처에 이르기까지 산을 타고 내려오면서 내룡맥의 산형을 파악토록 한다. 산 용맥의 전체 모습이 선룡(善龍), 악룡(惡龍), 무기룡(無記龍) 중 어디에 해당하는지 잘 관찰하는 것도 좋은 혈장을 구하는 중요한 방법 중 하나이다.

① 선룡은 선(善)한 성질의 에너지를 발산하기에 장수, 부자 등의 귀한 길복이 발현된다.
② 악룡은 악(惡)한 성질의 에너지를 발산하기에 요절, 불행, 재난 등의 흉한 화(禍: 재앙)가 발현된다.
③ 무기룡은 그 어떤 성질의 에너지를 발산할 수 없으나 결국 흉한 화(禍: 재앙)가 발현된다.

산형(山形)	종 류
선룡(善龍)	생룡(生龍), 복룡(福龍), 강룡(强龍), 순룡(順龍), 진룡(進龍)
악룡(惡龍)	병룡(病龍), 약룡(弱龍), 역룡(逆龍), 퇴룡(退龍), 겁룡(劫龍), 살룡(殺龍), 절룡(絶龍)
무기룡(無記龍)	선악을 구별할 수 없는 사룡(死龍)

* **선룡(善龍)**

- **생룡(生龍)** 조산(祖山)으로부터 시작하여 용의 움직임이 급히 솟고 엎드리는 기복이 큰 생한 용으로 그 모습이 산뱀이 물 위를 헤엄치는 모습과 같은 형상이다. 부귀한 최고의 길지이다.

- **복룡(福龍)** 용맥이 특출한 건 없지만 현무(소조산)와 안산이 서로 균형을 이루며 감싸고 있는 모습이 후덕하다. 정변역 용맥 특성을 한다. 복록이 많고 부귀하다.

- **강룡(強龍)** 요도(橈棹) 및 지각(枝脚)이 서로 잡고 힘을 모았다가 튕겨 나가는 모습으로 용의 기세가 장대(長大)한 형상이다. 취기(聚氣)와 변역질서가 분명한 것이 특징이다. 부귀창성하고 사회 공적이 크다.

- **순룡(順龍)** 산의 봉우리가 순하고 요도 및 지각이 앞을 향하여 곧게 뻗고 존비(尊卑: 주변 사격(砂格)들이 순응을 하며 유정한 모습)의 질서가 명확하다. 정변역질서가 우수하여 산이 수려하고 주변 사격들이 둥글게 모여든다. 충효스럽고 건강과 장수를 누린다.

- **진룡(進龍)** 지맥(枝脈)이 고르며 행도(行度)의 모습이 질서 정

연하면서 차례가 있다. 정변역이 급히 수변역하는 용이다. 용이 진행하여 나아가는 모습이 매우 활발하여 발복이 길고 부귀 창성하고 높은 시험에 합격을 한다.

선룡 산형

* 악룡(惡龍)

- **병룡(病龍)** 균형을 이루지 못하여 정상적인 변화를 못 하는 결함이 있는 용이다. 종변역이 부실할 때 나타난다. 결함이 있는 용

으로 불구자와 환자가 나오고 단명한다. 고아가 되거나 과부되는 경우가 많다.

- **약룡(弱龍)** 성봉(星峰)이 마르고 요도 및 지각이 짧아 본체가 약하다. 종변역질서의 일종으로 용신(龍身)이 허약하여 늘어진 모습을 한다. 빈천, 고독, 병약하다.

- **역룡(逆龍)** 성봉이 옆으로 서 있고 요도 및 지각(枝脚)들이 본신룡을 보호하지 않고 오히려 역행을 하는 용으로 흉폭함이 크며 불효자, 반역자, 강도 등이 나온다.

- **퇴룡(退龍)** 용의 나가는 모양이 순서가 없고 요도 및 지각이 고르지 못하다. 즉, 용이 진행치 못하고 뒤로 물러나는 모습을 하며 오는 것인지 가는 것인지 분별하기 어렵다.

- **겁룡(劫龍)** 비동조 간섭 지각(支脚)룡으로 용신(龍身)이 살(殺)을 띠고 있는 것으로 용의 가지가 많아서 주객이 전도되는 분명하지 않은 용이다. 사람을 마구 죽이는 파멸의 길을 간다.

- **살룡(殺龍)** 비동조 간섭 지각(支脚)룡으로 용의 좌우가 순응치 못하고 예리하고 날카로워 살기가 있는 산이다. 난폭, 시비와 살상을 일삼는다.

- **절룡(絶龍)** 용의 한쪽이 무너져 패였거나 용의 허리와 목이 꺾여 절벽처럼 끊어져 있다. 자손이 사고 등으로 요절하여 절멸한다. 은변역 용맥 특성을 지닌다.

* 무기룡(無記龍)

- **무기룡(無記龍)** 용맥이 길게 늘어져 본체가 곧고 굳어 있으며, 사절지(死絶地)로 $\theta=\angle 30°\times n$의 질서가 존재하지 않아 상하 좌우의 움직임이 없는 사룡(死龍)으로 선악을 구별할 수 없다. 즉, 변역질서가 없다. 성 정체성이 없거나 동성애자로 자손이 절손된다.

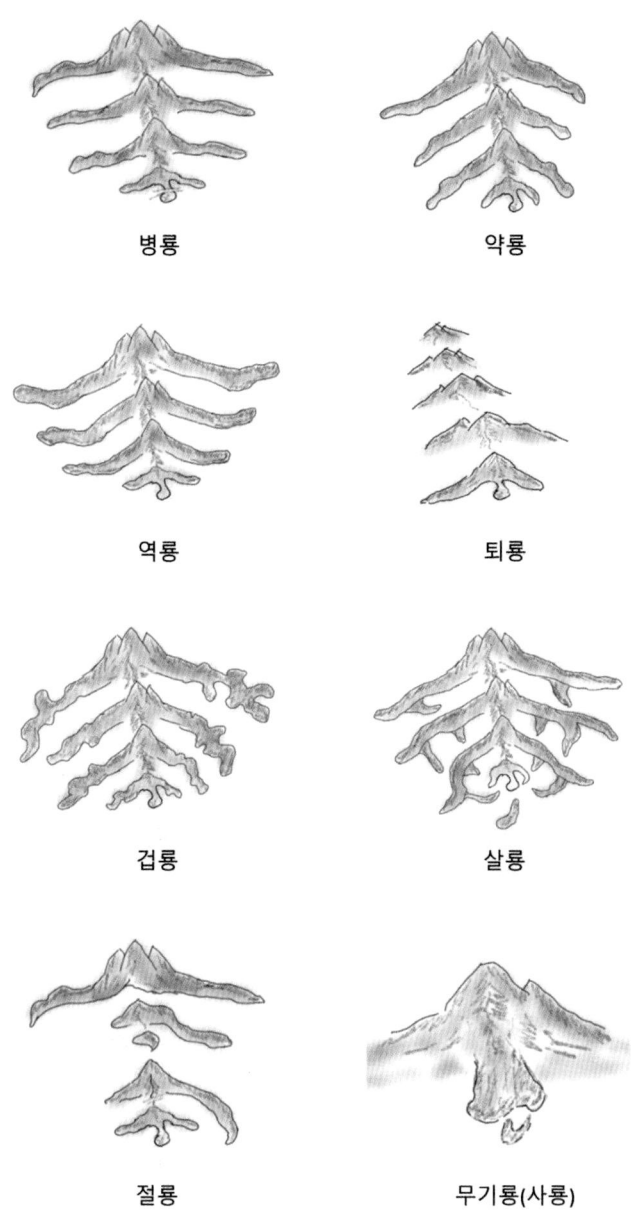

악룡 산형

3   용(龍)의 5변역 법칙
- 내룡맥의 흐름질서를 파악하라

　자연의 모든 섭리는 원리 이전의 근본적 바탕이며, 원리는 질서를 드러내는 현상으로 산 에너지체는 다섯 가지 질서를 따라 흐르면서 내룡맥 용세의 흐름 특성을 결정해 준다.
　5변역 질서의 사신사 관찰법은 동시 일체적으로 내룡맥의 변역질서를 일시(一時)에 확실히 파악해야 한다.

　1) 정변역(正變易) 특성 질서: 정분벽 용세 특성은 그 성상이 매우 장중하여 순서대로 되어 가는 순화적 질서 체계를 지닌다.

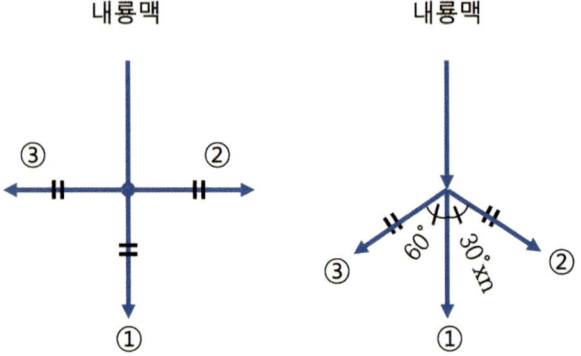

- 정변역은 ① ② ③ 세 방향으로 동시에 에너지가 표출되어 나가는 것이 정변역 특성으로 천체 에너지장 응축이 가장 왕성하다. 또한 두 번째 그림처럼 θ=∠30°×n 질서에 의거 30°, 60°로 ∠30°×n분변을 하면 이 또한 정변역이다.
- 정변역은 돌혈(突穴: 돌심맥(突心脈))을 만드는데, 토체혈(토체혈) 또는 왕(王)자 모양의 왕자혈(王子穴)을 만드며, 토체혈의 경우 다른 혈에 비해 용맥이 두텁다.
- 청룡과 백호가 상호 안정균형이 반드시 이루어져야 정변역이 된다.
- 혈장 안에서 양쪽 계곡이 보이지 않는 특성이 있다.

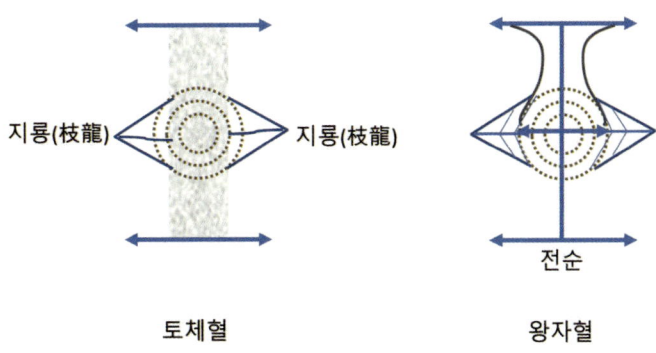

토체혈　　　　　왕자혈

2) 수변역(수變易) 특성 질서: 수분벽 용세 특성으로 그 성상이 매우 단정하다. 정변역의 입력 용량이 부족할 경우 수변역이 되는데 혼자 먼 거리를 내달린다 하여 고룡(孤龍)이라고도 한다. 하지만 에너지 용량과 달리 에너지 강도 및 속도는 빠르다. 그래서 신념이 강직한 수도

자(종교인)나 용맹한 장수가 태어난다.

하지만 수변역은 에너지 용량이 적기 때문에 수변역 정상부에는 지기 에너지장과 천체 에너지장의 상하 간에 감도가 예민하게 작용하여 안정을 취하기 어려운 문제를 지니고 있어 바람에 영향을 많이 받는다.

- 중출 중심맥의 좌우 호종(護從: 용을 좌우로 보호하는 사(砂))의 기운이 약할 때 나타나는 변역이다. 하지만 산이 수변역 용세 특성을 보이더라도 그 마디에 포(包)가 일어날 때(子·午 중심 형성)는 좌, 우가 없어도 중심을 잃지 않고 청룡과 백호가 모여진다. 즉, 좌, 우로 지룡(枝龍)이 생성되지 않은 경우라도 지각(支脚)은 확인할 수 있다.

> **Tip**
> - 사람도 마찬가지다. 풍수역학(사주)에 자(子)·오(午) 중심⊕이 있는 사람은 좌, 우 청백⊖이 어떻게 있든 간에 모여든다. 그래서 풍수역학(사주)에서 자(子)·오(午)가 함께 있는 사람은 지지에 인(寅), 묘(卯), 진(辰)의 청룡 기운이 없더라도 천간에 갑(甲), 을(乙), 무(戊) 중 하나만 있으면 청룡이 있는 사주로 본다.

◆ 풍수용어

호종(護從) 용을 좌우로 보호하는 사(砂).

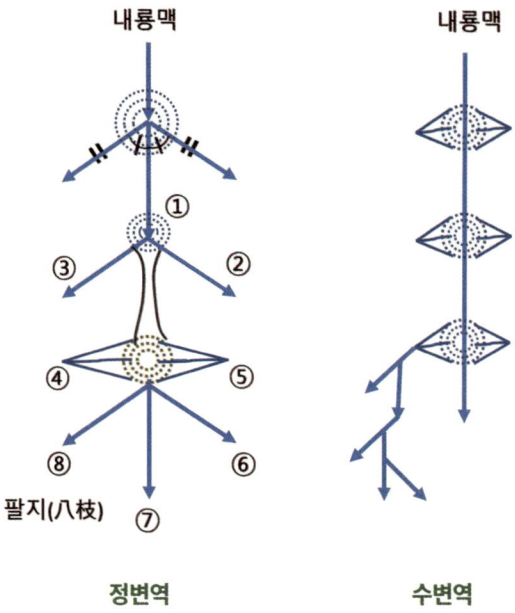

3) 종변역(종變易) 특성 질서: 종분벽 용세 특성으로 그 성상이 매우 변역적이어서 정변역의 시공(時空)적 차별 현상이 종변역 질서이다.

- 중출 중심맥의 좌우 호종맥(護從脈)의 선도가 차별적인 경우 주변 선도 에너지장 환경이 불안정하여 정변역이 못 되고 안정처를 찾는 과정에서 나타나는 질서이다. 즉, 선도되는 안정처를 만나게 되면 그림과 같이 혈장이 형성된다.
- 정변역은 자력적 형성에 의해 자체적으로 입수두뇌와 주작이 형성되어 혈장이 만들어지지만, 종변역의 경우에는 반드시 안산이 있어야 혈장이 만들어진다.

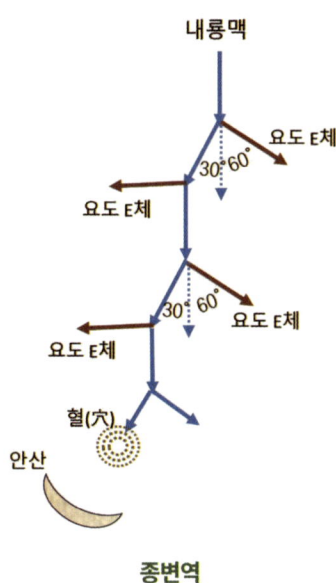

종변역

- 종변역은 용이 진행을 하면서 요도 에너지체를 발생시키며, 그 요도 에너지의 반작용으로 용이 갈지(之)자 형태로 진행 각도를 바꾸면서 움직이는 특성을 보인다. 그 변화 각도가 θ=∠30°를 유

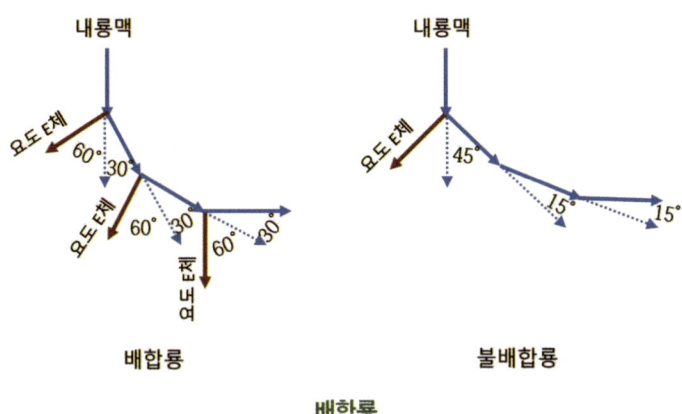

배합룡

지하면 안정적 변역각(變易角)을 이루면서 배합룡(配合龍)이 된다. (그림 참조)

- 배합룡은 θ=∠30°×n으로 ∠30°, ∠60°, ∠90°의 안정적 변역을 하는 경우이다. 예를 들어 ∠60°인 경우 동일한 좌, 우선 한쪽의 방향으로 두 번의 ∠30° 에너지 반작용 변역이 있는 경우를 말하며, ∠90°인 경우에는 동일한 좌, 우선 한쪽의 방향으로 세 번의 ∠30° 에너지 반작용이 있어야 한다. 즉, 해당 횟수만큼 요도에 의한 에너지 반작용이 있어야 한다. 그 외 불배합 변역 각도(∠15°, ∠45°, ∠75° 등)로 용의 움직임이 있는 경우에는 무기룡(無記龍)으로 사룡(死龍)이 된다.

4) 횡변역(橫變易) 특성 질서: 횡분벽 용세 특성으로 그 성상이 매우 광활적이다.

- 개장(開帳)의지가 강한 것이 특징으로 선도되는 주변 국(局) 에너지장이 상대적으로 클 때 횡변역 질서를 띤다.
- 개장룡(開帳龍), 안대사(案帶砂), 지룡맥(枝龍脈)을 형성할 때 대체적으로 횡변역 질서 형태를 보인다.
- 횡변역에 있는 음택지 묘의 후손은 본처 외 후처가 있는 운명을 갖고 태어난다. 횡변역 혈장인 경우는 본처와 후처 둘 다 모두 좋다.
- 천심(穿心)이 있으면 개장된 횡변역이며(좌 그림), 그렇지 못하

면 분벽에 불과하다(우 그림).

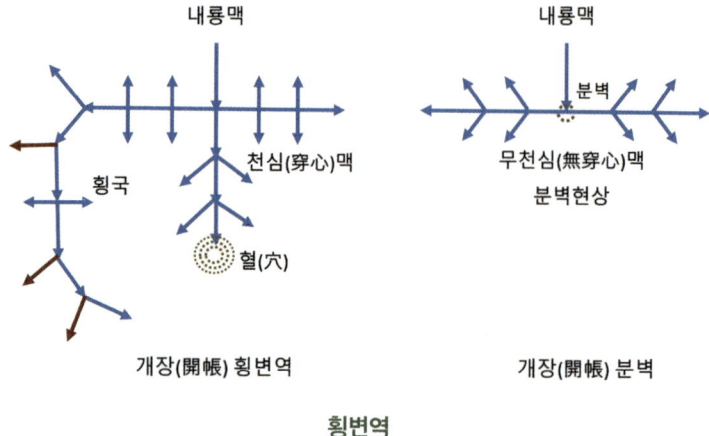

횡변역

> **Tip**
>
> **횡변역(橫變易)과 횡입수(橫入首: 횡입수)를 구별하자**
> - 횡입수는 용이 진행을 하는 도중에 행룡(行龍)의 곁을 쫓아 떨어져 90도로 돌아들어 횡으로 입수하며 혈장을 형성한다. 죄우 선익, 전순, 귀(鬼), 낙산 등의 구비 조건이 갖춰져 있어야 한다.

5) 은변역(隱變易) 특성 질서: 은분벽 용세 특성으로 그 성상이 매우 돌변적이다.

은변역은 척추의 진행 형태가 분명해야 살아 있는 것이다. 연약하고 탄력적인데 엎드리고 숨은 것이라 용맥의 본체와 지룡(枝龍), 지각(支

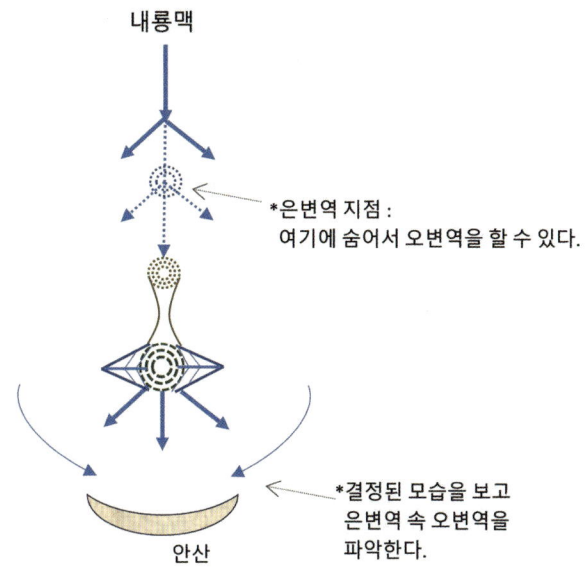

은변역

脚)이 불분명하고 광맥화가 되기 쉽다. 그래서 은변역 후 용맥의 생사 확인이 반드시 필요하다. 은변역 후 혈장은 단발 성향의 혈행의 과(果: 결실)이므로 응기 또한 단발성이 크므로 안산, 청룡, 백호 에너지 동조가 반드시 있어야 혈핵과(穴核果)인 혈처가 형성된다. 즉 은변역은 탄력적인 에너지 안정 구조가 수반되어야 한다.

- 용이 평지로 숨어 와서 갑자기 솟아오른 형상을 보이며, 국(局) 안정 선도질서가 시차적 현상일 때 또는 천체 에너지장 응축이 불급일 때 은변역 현상이 나타난다.

제4장 풍수 지형의 분석법

- 은변역의 혈장 형성은 평지 돌혈 형태가 가장 이상적이나 입력에 너지나 주변 환경 에너지장 동조가 미진할 경우 유혈 또는 와겸을 만들기도 한다.

> **Tip**
>
> **용의 5변역 특성별 형성 지점**
> - 정변역 - 5부 능선 전, 후
> - 수변역 - 5부 능선 이상
> - 종변역, 횡변역 - 5부 능선 이하
> - 은변역 - 2.5부 능선 전, 후

💡 **내룡맥의 영감적 성상과 의지 분석 Point**

① 조종산 내룡맥의 영감적 성상과 의지를 분석 파악한다.
② 소조산 내룡맥의 영감적 성상과 의지를 분석 파악한다.
③ 청, 백 내룡맥의 영감적 성상과 의지를 분석 파악한다.
④ 분벽 지룡맥과 천심 출맥의 영감적 성상과 의지를 분석 파악한다.

◆ **풍수용어**

낙산(樂山) 혈장과 직접 연결되지 않은 별도의 산이 혈장 뒤편에서 혈장을 보호하며 그 에너지장을 공급하는 산으로 횡룡이나 횡입수에서는 반드시 있어야 하는 산이다.

4 산을 움직이게 하는 에너지를 파악하라

산을 움직이게 하는 에너지를 파악하기 위해서는 우선 산이 넘어가고 있는지 아니면 반대로 오고 있는 것인지를 분별할 수 있어야 한다. 간법을 통해 산의 분벽(分擘), 요도(橈棹), 지각(支脚), 지각(止脚), 지각(枝脚), 지룡(枝龍) 등이 발을 뻗은 방향 등을 보고 파악할 수 있어야 하며, 확인이 용이치 않을 때는 관법을 통해 산 에너지의 흐름이 어느 방향으로 가는지 기감을 통해 파악해야 하는데, 산이 오고 가는 것을 보는 위치(산의 거리를 보는 것)는 정상부에서 8~10부 능선에서 보면 확인이 용이하다. 즉, 산의 본령을 정확히 알기 위해서는 산 전체를 확대해서 보기도 하고 반대로 축소해서도 볼 수 있어야 한다.

> **Tip**
>
> **산을 움직이는 에너지의 형성 지점**
> - 지각(止脚)이 만들어지는 지점: 2~3부 능선
> - 혈장 형성 지점: 3~5부 능선
> - 분벽 지대: 5~8부 능선
> - 정상 내맥(內脈: 본맥(本脈)) 확인 지점: 8~10부 능선
> - 벌판, 늪지대, 골짜기와 1부 능선 이하는 에너지 소멸처이다.

> **Tip**
>
> ◆ 풍수인들은 산세 및 지형을 인체에 비유하여 설명하기도 한다. 산 에너지(요도, 지각(支脚), 지각(止脚), 지룡 등)의 이동하는 방향이나 움직이는 각도를 '발을 뻗은 방향', '발을 벌린 각도' 등으로 표현하기도 하며, 용맥의 모양을 등뼈에 비유하여 척추(脊椎) 혹은 척주(脊柱)로 칭하여 설명하기도 한다.

1) 분벽(分擘)

용맥(산맥)이 앞으로 진행하다가 둘로 나누어지는 분기(分氣) 현상을 분벽이라 한다. 분기 전 용맥의 직진에너지의 벡터(vector: 크기와 방향으로 정해지는 양)값을 100으로 보았을 때 그 힘이 좌우로 반으로 나뉘게 되는 현상이다.

이때 분벽되어 용맥이 벌려지는 개장(開帳) 각이 좌우 균등하게 30°(30°+30°=합60°), 60°(60°+60°=합120°) 90°(90°+90°=합180°)인 경우

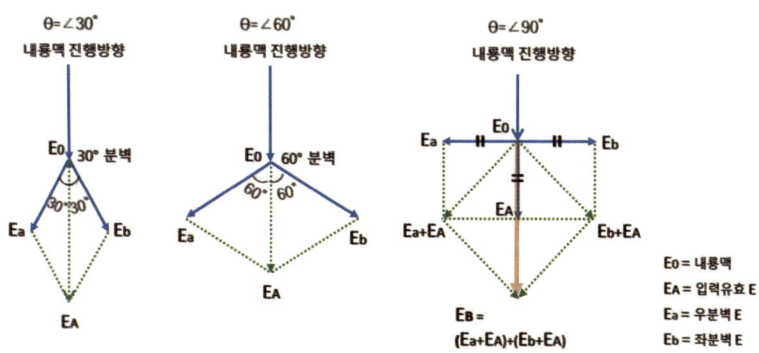

분벽 벡터 형태와 합성 에너지장 특성

이상적 움직임으로 보고 정분벽(正分擘)이라 한다. 그러나 분벽각이 60°(60°+60°=합120°) 이상을 넘어서면 분벽 된 용맥의 힘이 약화되며, 반대로 45°(45°+45°=합90°)로 안정질서각을 이루지 못한 경우 용맥의 기운이 산기(散氣)되어 흩어진다.

① 30° 분벽

30° 분벽은 60° 분벽에 비해 좌우 용맥의 개장각이 좁아 응축력이 강하여 분벽 후 바로 혈을 맺을 가능성이 있으나 분벽 의지의 목적이 자신보다는 혈장을 보호하려는 안정 특성이 더 강하다.

② 60° 분벽

60° 분벽은 진행안정 특성이 강한 균형된 에너지 분벽 특성으로 본다. 그러나 좌우 용맥 중 한쪽만 60° 분벽을 한 경우 반에너지 원에 의해 60°를 이루지 않은 반대쪽 용맥은 요도성을 띤 반(反)에너지로 볼 수 있다.

③ 90° 분벽

90° 좌, 우 분벽으로 삼분벽(三分擘)이라고 불리며 정지안정 특성이 가장 강하여 최상의 분벽 형태라 할 수 있다. 그래서 십자맥은 ∠90°(θ=∠30°×3) 정분벽(正分擘)을 이루면서 그 중심에서 지룡맥을 잘 발달시킨다. 즉 90° 분벽은 십자맥을 지닌 내룡맥이 되어 정입수(正入首)한 정좌(正坐: 바른 모양)의 혈처를 형성하여 그 역량이 가장 클 수밖에 없다.

④ 입체분벽과 선(線)분벽 구조 특성

입체분벽은 엎드려 오던 용맥이 일어서면서 둘로 나누어지는 분기현상으로 에너지 역량이 선분벽에 비해 월등하기 때문에 기본적 세 번의 움직임 과정이 없어도 혈을 이룬다. 반면 선분벽은 융기를 하지 않은 채 둘로 나누어지는 분기 현상으로 최소 3절의 움직임을 지켜봐야 혈성여부를 알 수 있다.

> **분벽 생기룡 관산 Point**
> ① 취기 분벽을 하였는가?
> ② (30도×n)배 분벽인가?
> ③ 천심출맥인가?
> ④ 분벽 시 요도지각을 발생시켰는가?
> ⑤ 좌우룡이 회합한 분벽맥인가?

Tip
- 분벽이 많으면 용맥의 힘이 약해지며, 용맥이 취기점을 만나면 강해진다.
- 분벽이 허약하거나 주맥이 허약하면 방맥(傍脈)이 된다.

◆ 풍수용어

방맥(傍脈) 정맥(正脈)이 아닌 맥으로 혈이 마무리(결지)된 후 새로 시작되는 맥, 요도성 지룡(枝龍)맥, 중심맥이 아닌 곁가지 맥 등을 일컫는다.

2) 요도(橈棹)

용맥의 직진 에너지가 좌, 우로 움직이려면 반(反)에너지가 공급되어야 하는데 그 반에너지를 요도라 한다. 직진하고자 하는 용맥과 요도 간의 역학(力學)적 기본 원리는 뉴턴의 제3법칙 중 하나인 작용 반작용의 법칙에 의하며, 산의 용맥이 갈지(之)자 형태로 움직여 나아가기 위해선 요도맥이 잘 발달하여야 한다. 즉 요도는 용맥의 진행 방향을 바꿀 때마다 힘의 반작용 기능을 하는 역성(逆性) 에너지체로 요도의 주목적은 용맥이 $\theta=\angle30°\times n$의 질서로 변역하여 움직이도록 돕는 것이며 요도에 의해 용맥이 $\theta=\angle30°$로 변화할 때 아주 강하게 작용한 것이다.

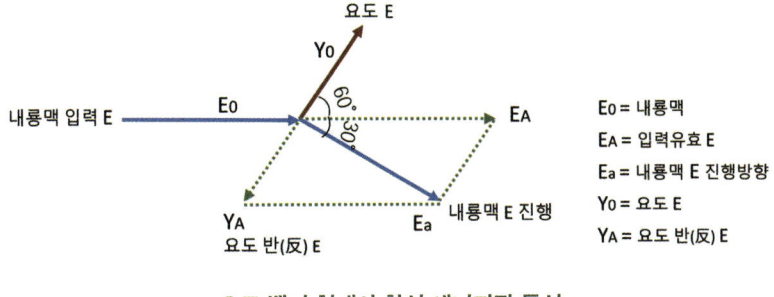

요도 벡터 형태와 합성 에너지장 특성

- 요도에 의한 내룡맥의 이상적 이동안정 변위각 $\theta=\angle30°$이다.
- 전환된 내룡맥 변위와 요도 간의 이상적 발생각 $\theta=\angle90°$(요도60°+변위각30°)이다. (그림 참조)

즉 내룡맥이 앞으로 직진하다가 다른 용맥 에너지체를 만나게 되는 경우와 방향을 전환하거나 정지코자 하는 의지가 있을 경우에 자력적으로 요도 작용을 실행하는 것이다. 주변의 다른 산들의 용맥 에너지체와 상생 동조할 수 있도록 내룡맥에 반(反) 에너지원을 공급할 경우 내룡맥의 이상적 이동안정 변역각은 ∠30°가 된다(그림 참조). 산에서 본 요도맥이 주용맥 진행 방향으로 ∠30° 혹은 ∠60° 각도로 뻗어 나가는 안정질서각처럼 보일 수 있지만, 실제는 요도의 용맥은 산 밑에서 산 위로 올라가는 역성 에너지체인 것이다. 그래서 간산법을 처음 익힌 풍수인들이 착각하여 요도를 진행하는 내룡맥이나 지룡, 지각으로 많이 속게 된다. 자칫 양택지로 판단하여 요도의 역방향으로 머리를 두게 하여 뇌졸중이나 뇌출혈을 일으키는 주된 요인이기도 하며, 음택에서는 유골을 거꾸로 매장한 형국이 되어 줄초상을 일으켜 큰 화를 초래하기도 한다. 요도를 내룡맥이 내려오는 정혈로 오인하여 많은 실수를 일으키므로 풍수인은 간산법과 더불어 관산법을 반드시 익혀야 하는 주된 이유 중 하나이다.

그 밖의 요도의 특성은 다음과 같다.

- 용맥이 전환될 때 요도를 발생시킨 반대편은 상대적으로 굴(屈)하여 굽어 있다.
- 요도는 지룡맥과 달리 요도는 진행맥이 짧다.
- 내룡맥의 힘이 강해지려면 갈지자의 움직임이 활발하여야 하며

그 활동 능력은 요도의 움직임이 활발해야 한다.
- 요도는 연분인자가 부실할 때나 종성의지가 부실할 때도 나타나는 요인으로 안정을 찾으려는 의지를 지니고 있으며, 분벽이 안 될 때 요도가 발생한다. 그러나 발생의지가 불명확할 때도 있다.
- 내룡맥의 요도들이 태과하여 무질서한 형태가 되면 내룡맥이 산만하게 변화되어 안정질서를 무너트린다. 이런 곳에서는 당연히 혈장이 형성되지 않는 무기룡이다.
- 산의 요도 발생 지점의 높이가 5부 능선 이하 낮은 지점의 요도는 내룡맥에 순기능적 역할을 제공하지 못하여 무기성(無記性) 요도가 되어 해당 절(節)에서 불구자가 나온다.
- 직진하는 래맥과 요도 간의 발생각이 ∠90°인 경우 내룡맥 변위와 요도 간의 이상적 발생각이 아닐 수 있으므로 내룡맥과 요도 각각의 규모와 길이를 잘 살펴보아야 한다. 내룡맥(45°)과 요도(45°) 간에 힘이 같아도 무기룡이 될 수 있다. 즉, 내룡맥 변위와 요도 간의 이상적 발생각 θ=∠90°(요도60°+변위각30°)이다.
- 인자수지에서 설명하는 요도지각과는 의미가 다르므로 혼용하지 않도록 한다.

> **요도질서 관산 Point**
> ① 내룡맥을 30도 변위 시키는가?
> ② 2중 요도는 θ=∠30°×n배를 변위시킨다.

③ 요도성 분벽은 내룡맥을 30도 변위시킨다.
④ 분벽성 요도는 내룡맥을 60도 변위시킨다.
⑤ 정분벽은 θ=∠30°×n배 변위다.

> **Tip**
> ◆ 요도는 단절맥으로 해당 자리에 묘를 쓰면 무조건 뇌졸중이 발생한다. 뇌졸 발생의 원인은 요도, 사맥(死脈), 무기맥에 터를 쓸 경우에 발생한다.

3) 지각(支脚)

지각은 용맥의 지탱과 기복(起伏: 지세가 높았다가 낮아졌다를 반복하며 강약의 세력을 조정)을 하면서 용맥의 흐름을 생동 있게 움직여 나간다. 그러나 본신룡이나 보조적 역할을 하는 용맥들의 진행 방향을 변위시키지 않으면서 안정이나 균형만을 유지시켜 준다. 즉 지각 그 자체로는 입맥의 기능을 전혀 할 수 없으니 지각(支脚)의 끝부분에 지각(止脚)이 보였다 하여 입수맥(入首脈)이나 지룡맥(枝龍脈)으로 착각해서는 안 된다. 따라서 지각(支脚)에서는 요도와 같은 반(反)에너지가 발생하지 않으며, 유사 작용하지도 않는다. 단지 지각(止脚)만이 발생한다. (지각(支脚)과 지각(止脚)을 혼동하여 읽지 않도록 주의.)

> **Tip**
>
> - 지각(支脚)은 일반 용의 진행 방향을 도와주는 역할에 불과하므로 본맥의 진행 방향을 흩트리지 않는다.
> - 지각(支脚)에서는 취기가 없다. 취기를 하고 나가는 것은 지각(支脚)이 아닌 지룡(枝龍)이다. 즉, 정변역에서 나가는 것은 지각이 아닌 지룡인 것이다.
> - 지각(支脚)은 보존 역할로 지각(支脚)에 의해 앞으로 나간 내룡맥의 등선은 수평, 수직의 변화가 없어야 한다. 반면 지룡(枝龍)인 경우에는 직진한 내룡맥에서 수직의 기복 변화 발생과 과맥 형성을 확인할 수 있다.

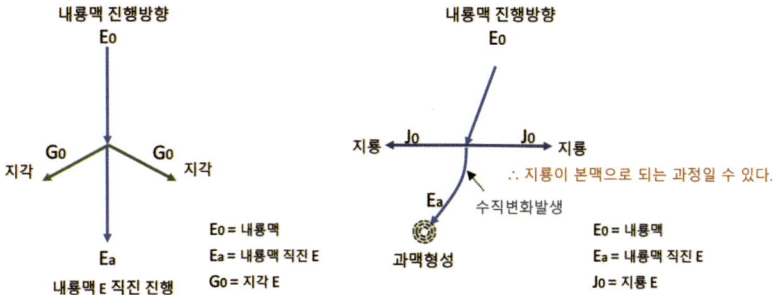

지각과 지룡 차이점

💡 **지각(支脚)질서 관산 Point**

(1) 지각은 본신래맥의 균형안정을 확보해야 한다.
(2) 지각에는 요도 발생이 없다.
(3) 지각에는 반에너지가 작용하지 않는다.
(4) 지각(支脚)에는 지각(止脚)발생이 있다.

4) 지각(止脚)

　지각(止脚)은 본신룡, 지룡, 요도, 지각(支脚) 등에 귀, 관, 요 에너지체의 마지막 산자락 부분에서 진행을 정지시켜 주고 안정을 유지시켜 주는 정지안정 사(砂) 에너지체를 말한다. 주로 정지안정 각은 ∠90°가 이상적이며, 때에 따라선 ∠60°, ∠120°의 형태가 있으며 용맥의 끝이 분벽하듯 양 가지를 뻗고 멈추는 것이 특징이어서 지각(止脚)을 와혈(窩穴)의 청룡이나 백호로 오인할 수 있으니 주의토록 한다. 지각(止脚)은 내룡맥의 생사를 확인 시킨다.

💡 **지각(止脚)질서 관산 Point**

(1) 지각(止脚)은 각종 에너지체의 종단부에 발생한다.
(2) 지각(止脚)은 각종 에너지 흐름을 정지시킨다.
(3) 지각(止脚)은 각종 에너지체의 최종 균형안정장치가 된다.

Tip

산 이동 에너지 발생 위치별 길흉(吉凶) 판단

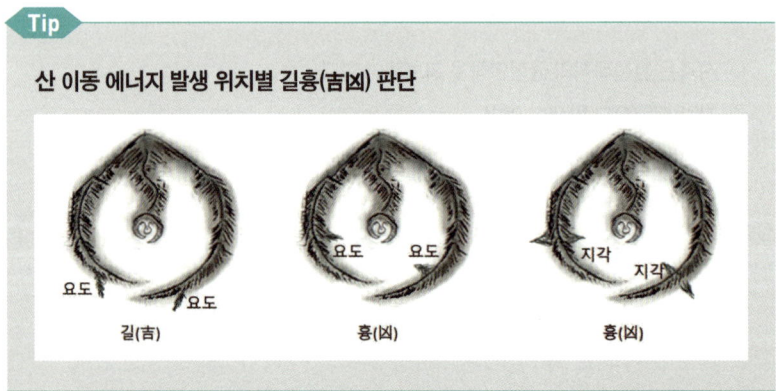

> **Tip**
>
> **지각(支脚)과 지각(止脚) 차이**
> - 지각(支脚) 이상에서는 생기상(生起相)으로 요도, 분벽지, 취기, 봉우리 등이 형성되며, 지각(止脚) 이하 부문은 소멸상(消滅相)이다. 지각(支脚)에 생기상이 없다면 무기룡으로 간주한다. 즉, 모든 물질 세상에는 시간적으로나 공간적으로 생기와 소멸 과정이 있음을 인지하여야 한다.
>
> **지룡(枝龍)과 지각(支脚)을 통한 산 기운 판별**
> - 산이 왕성하면 지룡(枝龍)을 거느린다.
> - 산이 허약하면 지각(支脚)을 거느린다.

5) 지각(枝脚)

지각(枝脚)도 지각(支脚)처럼 진행하는 용의 각도를 변화시키지 못하며, 모든 산 에너지체의 용맥들이 움직여 나가는 데 있어 보조적 지탱과 용맥의 에너지체를 보호하는 역할을 한다. 예를 들어 내룡맥이나 지룡(枝龍)의 경사진 몸체를 지탱하기도 하며, 행룡하는 용맥의 균형과 전진을 돕기 위한 보조적 역할을 위해 요도 에너지체를 보조하기도 하는데 이를 요도성 지각이라고 부른다. 지룡(枝龍)이 한절 이상 길게 뻗어나갈 때 지각(枝脚)이 없으면 보호를 받지 못하여 기울어지거나 무너지게 된다.

6) 과맥(過脈: 과협(過峽))

용맥의 기운(氣運)이 흐르는 과정에 있어 허리에 해당하는 부분으로 기복에 의해 잘록한 모양을 하는 부분을 말한다. 용의 과협처는 그 기를 묶어 모아지는 곳이다 보니 바람과 물의 피해를 입을 경우에는 곧바로 혈장에 미치는 영향이 크므로 반드시 보호하는 산이 있어야 하고 그 곁에는 팔자로 흐르는 물이 흘러가야 한다. 협(峽)이란 용의 진정(眞情)한 발현처이므로 협이 아름다우면 길지를 만드는 이치이다.

만약 본신(本身) 내룡(來龍: 종산(宗山)에서 내려온 산줄기)이 불량이라면 과맥에 문제가 있는지를 확인해 봐야 한다. 산이 높아 입체 구조가 강한데 과맥이 너무 짧으면 바람과 물이 침범하여 과맥이 끊어지게 된다. 반대로 너무 길면 종산(宗山)에서 들어온 에너지 특성이 불량하게 된다. 일반적인 산은 입체가 완만하고 과맥이 짧은 것이 좋다. 즉, 연분 에너지장의 간섭이 있다는 것은 주변 에너지 동조 불량이므로 과맥점을 살펴 볼 때는 서로 이어진 앞과 뒤의 산 입체구조를 관찰하고 청룡과 백호의 상호 동조여부를 확인하여 과맥이 살아 있는지를 확인해 봐야 한다.

　다시 정리하자면 과맥은 에너지 집합 구조로 에너지가 쉬고 있는 생무기(生無氣)의 통로 지역이며, 과맥 균등은 청룡과 백호 동조가 결정하므로 과맥의 선미(善美), 대소(大小), 강약(强弱) 등을 보고 혈장의 특성을 확인토록 한다.

※ 과맥의 선미(善美), 대소(大小), 강약(强弱) 특성 확인
- 폭은 균등해야 한다.
- 좌우 경사가 균등해야 한다.
- 협곡 깊이(深)는 균형적이어야 한다.
- 입력측은 출력 측보다 강하고 넓을수록 정격(定格)이다.
- 과맥점은 잘록한 속기(束氣)일수록 좋다.
- 속기 처는 밀도가 커서 땅이 단단하다. 만약 속기가 단단치 못하다면 바람을 맞았거나 병맥(病脈)으로 볼 수 있다.
- ∴ 과맥은 혈장의 입혈맥 혈장의지와 동일하므로 혈을 형성하고자 하는 의지가 확고해야 한다.

　만약 과맥에 문제가 생겨 입혈맥 흐름에 장애가 생기면 지속적이고 안정적인 혈(穴) 공급이 안 되어 혈터(명당)에 직접적 타격을 맞는다. 만약 이로 인하여 뼈골까지 풍이 들어가면 유전병을 발병시키며 생식기에도 문제가 생겨 그 해당 집안은 절손으로 이어진다.

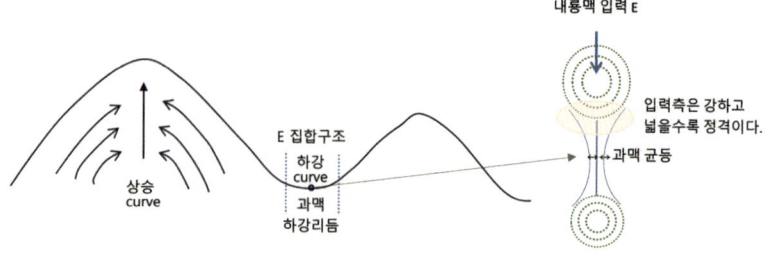

과맥 특성

> **Tip**
>
> ◆ 과맥(과협) 자리에 묘를 쓰면 자손의 공동(空洞: 빈 굴)현상이 발생하여 머리가 비어 있는 자손이 나온다. 과맥은 블랙홀과 같아 앞선 취기점에서 용맥으로 내려오는 에너지를 가득 채우고 다음 취기점으로 혈이 흘러가도록 하는 특이현상의 역할을 한다.

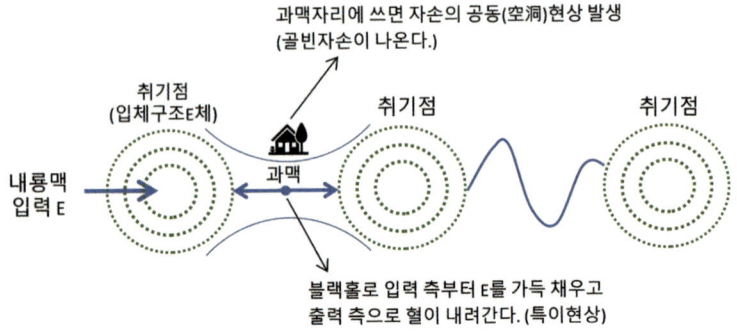

과맥 공동(空洞: 빈 굴)현상

7) 횡룡

횡룡은 본맥이 낙산이나 귀성(鬼星)과 같은 요인들로 인해 내룡맥의 흐름에서 거의 직각(최소 30°에서 90°)에 가까운 방향 전환을 하여 취기하고 입수를 이루어 혈을 형성한다. 즉 횡룡은 본맥이 종(從)이 아닌 횡(橫)으로 흐르기 때문에 일반적인 혈 형성 과정과는 다른 특성을 지니고 있기 때문에 혈 형성과 청백이 완성된 이후에는 그 흐름이 혈 아래로 급격히 뚝 떨어진다. 만약 그렇지 않고 용맥이 길게 뻗어 나가거나 머리를 들고 나간다면 혈 기운이 빠져나가 좋지 않다. 또한 좌우 선익은 모두 있어야 하며, 특히 입력 측보다 출력 측의 선익이 더 분명하게 있어야 한다. 전순은 든든해야 하며, 만약 혈판이 높은 곳에 있다면 그 고도를 느끼지 못할 정도로 평평하고 넓은 형태의 모습을 보여야 한다. 물형론(物形論)에서 말하는 와우혈(臥牛穴: 소가 누워 있는 모양)도 횡룡의 유형 중 하나로 볼 수 있다.

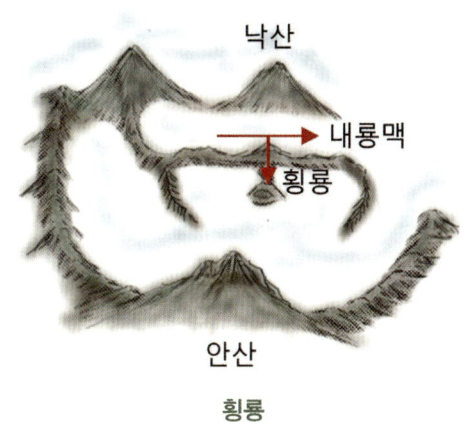

횡룡

백호에서의 횡룡 입맥은 서출 및 백호 자손이 잘 되고 장자, 장손 보다 둘째 자손이 덕을 본다. 반면, 청룡에서의 횡룡 입맥은 적손, 서출 고루 번창하고 출세하며, 청룡 자손도 덕을 본다. 특히 후실의 장손이 좋아진다.

◆ 풍수용어

물형론(物形論)　사신사와 주변 산세의 형상을 동물이나 기타 사물에 비유하여 풍수를 설명하는 논리방식을 물형론이라 한다.

5 국세(局勢)
- 혈장 주변 사신사를 볼 수 있어야 한다

　사신사(四神砂)란 혈장을 중심으로 4개의 방위에서 보호하는 산세(山勢)로서 혈장으로부터 직접 에너지가 들어오는 뒷산이 현무(玄武), 좌측산을 청룡(靑龍), 우측산을 백호(白虎), 마주하는 앞산을 안산(案山)이라 칭한다. 국세론은 4개의 각 지점이 하나의 국(局)이 되어 그 해당되는 산과 세력이 주변 요인들과 함께 작용하여 혈장에 미치는 작용과 영향력을 보는 과정을 뜻한다. 즉, 입수한 용이 혈장을 만들기 위해 본신룡이 국에 도달하면 그 이후 세력을 보고 판단하는 것을 국세(局勢)라 한다.

　국세를 볼 때는 혈장 중심으로 용맥과 사격(砂格)들이 균형적으로 잘 동조하는지를 보는 것이다. 사격의 요소들로는 현무, 청룡, 백호, 안산, 조산, 탁산, 락산 등이 해당되면 그 짜임새와 그 세력이 혈장에 생기적 동조 작용을 하는지 반대로 간섭 작용(형살, 충살, 파살, 해살, 원진살)의 영향이 있는지를 보도록 한다.

> **Tip**
> ◆ 국세(局勢)의 역량이 용세(龍勢)보다 뛰어나면 먼 후손이 더욱 복을 받게 되고 반대로 국세보다 용세가 더 뛰어나면 현생인 내가 발복을 받는다. 그 기준은 해

> 당 묘의 주인이 돌아가신 시점과 상대의 관계 시점을 참조하여 발복 시기를 분석토록 한다. 이는 제1장의 '조상과 나의 동조 사이클'과 관계되는 부분이다.

1) 현수사(玄水砂)

현무사 또는 현무라고도 하며 혈장의 입력 에너지를 공급 조절하기 위한 산 에너지 중간 저장소 에너지체이다.

위로부터는 중조산 조종산 에너지를 공급 저장하며 아래로는 이상적 혈장 중출맥 에너지를 공급하기 위해 조안산 에너지 및 그 에너지체와 상호 조절 동조관리를 한다.

좌우로는 청룡과 백호를 발출하여 혈장 중출맥 에너지의 안정증폭을 돕고 천심혈장의 전호 육성 재응축 에너지로 성혈 에너지를 동조 증폭케 한다.

- 현무는 입수에서 가까울수록 에너지 공급량이 뛰어나므로 입수 지점으로부터 3절에서 5절 이내에 있으면 최고의 현무라 할 수 있다.
  ① 현무에서 혈에 이르기까지 3절 이상 진행되는 변화가 있어야 혈처에 혈이 제대로 맺힌다.
  ② 현무가 입수에서 멀리 있으면 에너지 역량이 약하다.

- 현무는 정면으로 보았을 때 좌우의 균형이 일정하고 혈장을 향해 머리를 드리우고 수두(垂頭: 고개를 숙임)해야 한다. 즉, 현무에서 입수 지점을 향해 맥이 솟지 않고 내려와야 한다는 뜻이다. 만약 머리가 혈장을 향하지 않고 뒤로 젖혀져 있으면 그 자리는 혈처로 볼 수 없다.

  ① 좌우 기울기가 비대칭인 경우 상대적으로 기울기가 완만한 곳에 혈이 있을 가능성이 높다.

  ② 현무와 혈처 사이의 경사각은 30도 혹은 60도가 이상적이며 60도 이상으로 기울기가 낮으면 입맥의 기운이 점점 약하여 혈처로서 부족한 경우가 많다.

  ③ 현무에서 내려다보았을 때 용맥이 갈라진 경우 그 각도가 120도를 넘어서지 않아야 그 가운데 천심(穿心: 좌, 우출맥을 거느리고 가운데로 흐르는 용맥)으로 뻗어 갈 수 있다.

  ④ 현무의 이마에서 시작되는 용맥에서 나온 자리는 고집이 세고 독선적 성향이 강하므로 좌우의 청룡과 백호가 잘 관쇄해야 그 자손의 성정이 바로 잡힌다.

  ⑤ 수두하지 않고 뒤로 젖혀져 있으면 남을 배신하거나 극단적 성격의 소유자가 나오기 쉽다.

  ⑥ 각이 뾰족한 돌들이 많은 산은 현무로서 부적합하다.

> 💡 **천심출맥의 관산 Point**
> ① 정분벽의 중심을 뚫고 나온다.
> ② 5변역 질서 중 주로 정변역 안정질서를 따르고 주내맥 중심을 회복하며 진행한다.
> ③ 정분벽 천심이 아닐 경우 천심 안정질서를 회복해야 한다.
> ④ 정변역 천심 질서가 아닌 경우 5변역 천심 안정질서를 회복해야 한다.

2) 청백사(靑白砂)

현수 혹은 중조산 에너지체로 부터 공급받은 좌우출맥의 에너지 및 그 에너지체가 현수 조안(朝案) 동조 에너지장과 안산 선도 에너지장 동조에 의해 혈장 재응축 에너지를 공급한다.

중출 천심맥 에너지 발달 안정과 입혈맥 에너지체를 전호, 육성, 응축하고 혈장에 혈을 만들고자 하는 의지를 확대 증폭시킨다.

(1) 청룡

혈장을 기준으로 왼쪽에서 혈장을 보호하고 있는 산이다. 혈장에서 가장 안쪽에 있는 청룡을 내청룡이라 하며, 그 뒤편에 있는 산들을 외청룡이라 한다. 양파처럼 여러 겹으로 내외청룡이 있을수록 관쇄(關鎖: 에너지를 가둬 두는 힘)와 보호 기능이 뛰어나다.

- 청룡은 혈에 응기 작용을 제대로 할 수 있도록 하는 것이 주 역할로 지각과 요도의 주변 요소들의 영향에 의해 혈에 어떠한 길흉의 영향을 주는지를 판별토록 한다.
- 청룡은 자손의 명예와 관운, 인덕, 충효, 형제우애에 관계된다.

① 청룡 어깨가 단절되면 자손이 단명되고 청룡 허리에 문제가 보이면 불구자가 나온다.
② 청룡이 혈장의 위치보다 짧거나 약하거나 상대적으로 백호가 너무 강하면 며느리가 일찍이 과부가 된다.
③ 청룡은 현무 아래에서 발달해야 이상적이다.
④ 청룡은 혈장으로부터 가까운 절에서 발달할수록 역량이 크다.
⑤ 청룡이 현무 위에서 발달하면 혈장의 입수와 선익이 허약하여 장손이 절손되거나 양자를 보게 된다.
⑥ 혈이 있는 방향으로 30도 각도로 꺾이면서 움직이면서 혈을 완전히 감싸듯 안아야 한다. 만약 온전히 감싸지 못하고 그 끝이 혈당판으로 향할 경우 청룡이 역성이 되어 혈처의 판을 깨트린다.
⑦ 청룡맥의 끝이 꺾어지거나 돌아가면 안 된다. 청룡맥이 연속적으로 3절 이상 배역(背逆)하면 혈처를 보호종사(保護從砂)할 의지가 없는 것이며, 불효, 불충한 자손이 태어난다.
⑧ 청룡이 주산보다 높으면 역성(逆性)이 되어 청룡으로 적정치 못하다. 즉, 청룡의 끝부분이 크고 높으면 시신이 육탈(肉脫)되지 않는 해(害)가 발생하여 발복되지 않으며, 윗사람을 공격하는 하

극상을 보인다.

⑨ 청룡과 백호의 높낮이가 높은 쪽 자손이 상대적으로 수준이 높다.

　청룡 - 손자 첫째, 셋째, 다섯째

　백호 - 손자 둘째, 넷째, 여섯째 / 손녀 모두 해당 / 후실손 손자, 손녀

⑩ 청룡이 고개를 드는 경우 60% 이상은 배주(背走)하여 청룡의 역할을 하지 않고 제 살길 찾아 도망간다.

⑪ 청룡은 외청룡보다 내 몸에서 뻗은 내청룡의 역량이 훨씬 크다.

⑫ 청룡이 혈 당판 쪽으로 요도를 내밀었다면 그 자리는 절대 혈처가 아니다.

⑬ 혈판을 감싼 청룡의 끝 부분이 혈장 안쪽으로 요도를 내민 경우 혈판을 깨고 배역한 것이니 주의토록 한다.

(2) 백호

혈장을 기준으로 오른쪽에서 혈장을 보호하고 있는 산이다. 혈장에서 가장 안쪽에 있는 백호를 내백호라 하며, 그 뒤편에 있는 산들을 외백호라 한다. 청룡과 마찬가지로 양파처럼 여러 겹으로 내외백호가 있을수록 관쇄(關鎖: 에너지를 가둬 두는 힘)와 보호 기능이 뛰어나다. 청룡이 남성에 가까운 기운이라면 백호는 여성적 기운에 가깝다. 그래서 백호 에너지체 기운이 좋으면 집안 내 여자들의 기운이 왕성하여 건강과 사회활동력이 뛰어나며 해당 자손의 재물운이 크다. 그

래서 청룡이 역성을 띠면 남자가 딴 살림을 차리며, 백호가 역성을 띠게 되면 반대로 여자가 바람이 난다.

　청룡과 마찬가지로 백호 또한 혈에 응기 작용을 제대로 할 수 있도록 하는 것이 주 역할로 지각과 요도의 주변 요소들의 영향에 의해 혈에 어떠한 길흉의 영향을 주는지를 판별토록 한다. 더불어 청룡과 백호는 균형을 이루어야 하되 청룡에 비해 백호의 세력이 지나치게 태과(太過)하지 않아야 한다.

① 백호 어깨가 단절되면 해당 자손이 단명 되고 백호 허리에 문제가 보이면 불구자가 나온다.
② 백호가 청룡에 비해 너무 강하여 태과하면 그 집안의 며느리가 일찍이 과부가 될 수 있다.
③ 백호맥의 끝이 꺾어지거나 돌아가면 안 된다. 백호맥이 연속적으로 3절 이상 배역(背逆)하면 혈처를 보호종사(保護從砂)하려는 의지가 없는 것이며, 재물을 탕진하게 된다.
④ 백호는 혈장으로부터 가까운 절에서 발달할수록 역량이 크다.
⑤ 백호는 현무 아래에서 발달해야 이상적이며 그보다 높으면 절손 우려가 크다.
⑥ 혈이 있는 방향으로 30도 각도로 꺾이면서 움직여 혈을 완전히 감싸듯 안아야 한다. 만약 온전히 감싸지 못하고 그 끝이 혈 당판으로 향할 경우 백호가 역성이 되어 혈처의 판을 깨트린다. 그 역성은 청룡보다 더 강하다.

⑦ 백호가 고개를 드는 경우 60% 이상 배주(背走)하여 제 살길 찾아 도망간다. 영향은 그 집안에 초상이 자주 일어나는 일이 발생한다. 또는 여자가 바람을 피거나 애를 낳고도 이혼한다.

⑧ 백호 에너지체가 불량하면 집안의 여성들 건강이 좋지 못하게 되며, 남성들은 여복이 없다.

⑨ 백호도 외백호보다 내 몸에서 뻗은 백호의 역량이 훨씬 크다.

⑩ 백호가 혈 당판 쪽으로 요도를 내밀었다면 그 자리는 절대 혈처가 아니다.

⑪ 혈판을 감싼 백호의 끝 부분이 요도인 경우 혈판을 깨고 배역한 것이니 주의토록 한다.

> 💡 **청, 백 출맥의 관산 Point**
> ① 좌출 청룡맥은 우출 백호맥과 회합질서를 유지해야 한다.
> ② 회합질서를 유지하기 위해서는 요도발생에 의한 시립(侍立)룡이 되어야 한다.
> ③ 우출 백호맥은 좌출 청룡맥과 회합질서를 유지해야 한다.

Tip

백호와 여성 상관관계
- 여성은 백호 기운으로 태어났기 때문에 친정 쪽의 백호 기운의 영향도 받는다.
- 결혼을 하면 부부간 상대에게 25%의 작용력이 미친다.

∴ $100\%/2^2 = 100/4 = 25\%$

- 애를 낳지 못하면 상대가 아무리 좋은 기운을 가지고 있더라도 상대에게 받을 수 있는 기운이 6.25%밖에 받지 못한다.
- 애를 낳으면 부인의 백호 기운을 100% 받는다. 딸보다 아들을 낳았을 때 더 많이 받게 된다.
- 여성이 결혼을 하면 부인의 타인 행동, 즉 개체적 사회활동 기운은 친정 25%, 배우자 측 75%의 기운의 행동으로 작용한다.

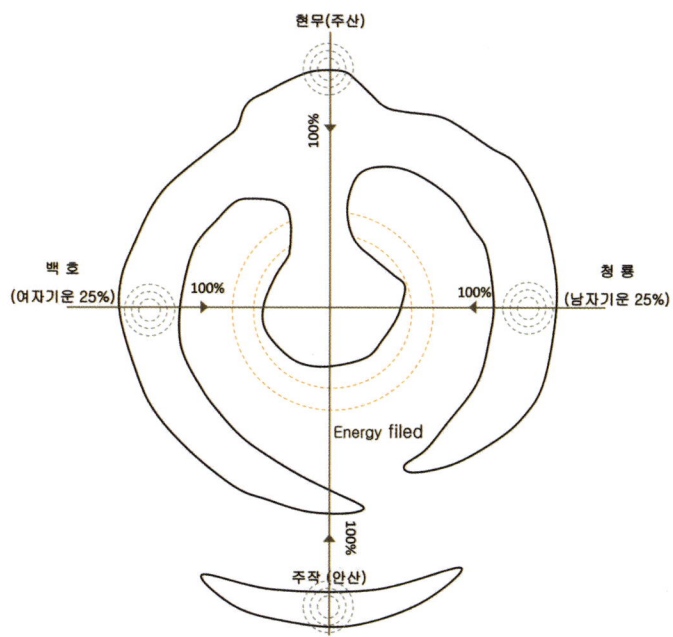

청룡과 백호 기운 상대 영향력

> **Tip**
>
> - 청룡과 백호는 혈장의 어깨 높이에서 감싸안아야 좋은데, 어느 한쪽이 태과하여 강하면 혈장의 기운을 깨트리게 된다.
> - 청룡이 백호를 감싸는 형국이면 물은 백호 쪽에서 청룡 쪽으로 흘러야 되며, 반대로 백호가 청룡을 감싸는 형국이면 물은 청룡 쪽에서 백호 쪽으로 흘러가야 한다. 만약 그렇지 않으면 재산을 모으기 힘들다.
>
> ---
>
> **청백의 부귀(富貴)**
> - 부귀(재산과 지위)는 잘 다스려야 하기에 간섭적이지 않고 동조(同調)를 이루어야 한다. 혈장에서도 청백이 동조대(同調臺)를 형성하면 아름다운 상(相)이 되며, 반대로 간섭을 하게 되면 추하게 된다.
> - 청룡이 너무 막강하면 부를 얻더라도 사람이 오만해지고 거만해진다.
> - 백호가 너무 막강하면 부를 얻더라도 명예를 스스로 짓밟는 짓을 하여 폐인이 된다. 그러므로 혈장의 부귀는 동조대를 형성해야 좋은 혈터가 되는 것이다.
>
> ---
>
> - 지구는 태양을 중심으로 우선을 하며 공전과 자전을 하는 에너지체이다. 그러나 미러 효과에 의해 지구 내에선 좌선하는 에너지 흐름 특성을 지니고 있다. 이에 청룡은 지구 내 좌선에너지 흐름 방향의 순리적 순행대로 형성된 선 구조체이다. 반면 백호는 좌선의 영향을 받으면서도 우선을 하며 형성된 역성을 지닌 선구조체이기 때문에 백호의 끝이 좌선의 영향을 받아 좌선 쪽으로 돌아가기 일쑤이다. 그러므로 백호가 온전히 형성되었다면 그 자체로도 강한 에너지체인 것이다. 그런데 해당 혈장의 청룡 에너지체 보다 어깨가 높이 형성되었다는 것은 청룡 에너지체를 훨씬 넘어선 것이기 때문에 이 또한 안정질서에 위배된 것으로 보는 이유이다.
>
>   즉, 청룡과 백호는 혈장에 직접적인 에너지 역학 작용을 하는 에너지체로써 해당 집안의 길흉화복에 직간접적으로 영향을 주므로 간법과 관법에 의해 면밀주도하게 관찰해야 한다.

미러(거울) 효과

3) 조산(朝山)과 안산(案山)

조산과 안산 에너지 및 그 에너지체를 일컬으며 현수사 에너지장과 상호동조 관계함으로써 성혈 에너지장을 형성하기 위한 종적 에너지장 동조를 완성함과 동시에 청백에너지 및 그 에너지장을 응축동조 관리함으로써 성혈 에너지를 보다 안정적으로 증폭 확대시킨다.

즉, 안산은 현무를 마주하여 균형을 이루면서 가까워야 우수한 혈처가 형성된다. 원근 거리에 따라 가장 가까이 있는 산을 안산으로 보고 그 뒤에 있는 산을 조산으로 구분하지만, 현무의 규모와 상대적 균형에 따라 안산을 조산으로 오인하는 경우도 있으니 면밀히 살펴야 한다.

안산의 자격은 현무와 균형을 이루어야 하며, 높고 크기가 웅장하며 유정(有情: 인정이 풍부함)한 모습을 해야 하나 현무와 관계에 있어 절대 태과한 모습을 보여서는 안 된다. 그래서 원근 거리를 잘 파악해야 하는 이유이다. 즉 사신사의 전체적 국(局)의 크기에 따라 주산 혹은 현무와의 관계를 잘 살펴야 하며, 이는 양택지와 음택지를 구분하는 데 있어서도 중요한 부분이다. 양택지에서는 그 규모의 크기에 따라 대취국, 중취국, 소취국을 구분한다.

- 대취국(大聚局): 중취국, 소취국이 같이 구성된 지역
- 중취국(中聚局): 소취국이 모여 형성
- 소취국(小聚局): 소혈들이 모여 형성

안산의 인과(因果)적 특성은 안산의 안정적 균형질서와 역량에 따라 사회적 인물로 출세하는데 영향을 미치며, 특히 재물창고의 역할을 하기에 풍수역학(풍수사주)을 볼 때도 사주 내 안산(午火 에너지체) 형성 유무에 따라 재물운을 판단하는 기준이기도 하다. 반대로 안산이 등을 돌리고 앉아 있거나 배주를 하여 달아나면 사회적 배신자이거나 역으로 배신을 당하기도 하며 재산을 모두 탕진하기도 한다. 자손의 예경(禮敬)과도 밀접한 관계를 갖는다.

안산도 청룡과 백호와 마찬가지로 혈장을 가장 가까이에서 보호하는 에너지 역학 작용을 통해 동조와 간섭 에너지체로 중요한 기능을 하기 때문에 간산과 관법에 의해 잘 관찰해야 하는 대상이다.

① 안산은 소조산이나 현무에서 나온 것 보다 타산(他山)에서 온 것이 역량이 더 크다.

② 안산이 높으면 현무의 상응하는 높이에서 혈처를 찾을 수 있다.

③ 안산이 낮으면 현무의 상응하는 낮은 자리에서 혈처를 찾을 수 있다.

④ 안산이 멀면 청백의 관쇄가 열리기 쉬어 물이 혈장을 감아 돌지 못한다.

⑤ 안산이 좌, 우 한쪽으로 치우쳐 있다면 안산의 균형 중심을 맞추어 혈처를 찾도록 하되 그 기울기가 지나치면 안산이 아닌 외청룡, 외백호의 역할을 하고 있는 것인지 살펴보고 혈처로써 적정 여부를 판단해야 한다.

⑥ 안산의 기운이 너무 강하면 전순이 들리어 오히려 역성(逆性)의 특성을 보일 수 있으니 그 위치보다 높은 곳에서 혈처 여부를 찾도록 한다.

⑦ 백호 안산인 경우 여성과 백호 특성을 지닌 남성들은 초반 고생하나 점점 회복하여 윤택하고 편안한 생을 누린다.

⑧ 청룡 안산인 경우 남성과 청룡 특성을 지닌 사람들은 초반 고생하나 점점 회복하여 윤택하고 편안한 생을 누린다.

⑨ 안산의 중심선은 본맥의 혈장과 최소 ∠30° 이상은 되어야 안산 역할을 하며, ∠90°의 각을 이루어 마주해야 에너지 작용력이 가장 크다.

⑩ 안산이 완만한 경우 혈장과 마주하는 안산의 뒤편으로 귀(鬼)가 붙어야 안산의 역할을 한다.

⑪ 최고의 삼태(三台) 안산도 좌우 종봉(從峰)이 주봉(主峯)을 뒤에

서 밀어주어야 역량이 강하다.

⑫ 청룡과 백호가 약하더라도 안산이 혈을 감싸는 힘이 강하면 청백도 어느 정도 역할을 하게 된다. 풍수역학(사주)에서도 동일하게 판단한다. 그만큼 혈처를 만드는 데 있어 현무 다음으로 안산의 역할이 크다.

*조안산의 영감적 성상과 의지 분석

① 조산(朝山) 내룡맥의 영감적 성상과 의지를 분석하여 파악한다.

② 분벽 지룡맥의 영감적 성상과 의지를 분석하여 파악한다.

③ 안산이 선도한 에너지장의 영감적 성상과 의지를 분석하여 파악한다.

> **Tip**
>
> ◆ 안산은 오변역 법칙 중 개장(開帳) 능력이 강한 횡변역 특성 질서가 양호해야 한다. 반면 주산은 정변역, 종변역, 수변역 질서체로 진입과 직진 특성이 강해야 한다.

6 풍수세(風水勢)
- 바람과 물의 흐름을 보아라

 풍수세는 득수(得水)와 득파(得破)를 분별하고 풍수의 기본 원리인 바람과 물이 조화를 이뤄 지형에 미치는 영향력을 파악하기 위함이다.
 바람 에너지의 선용(善用)은 장풍(藏風)이다. 순한 바람을 받아들여 공기가 잘 순환되도록 조절하여 혈심(穴心)에 생명 에너지가 육성(育成: 길러 자라게 하는 것)될 수 있도록 하는 것이다. 장풍의 역할이 지속되려면 득수가 원만해져야 하고 또한 득수가 지속적 효과를 지니려면 장풍의 구조 역시 안정화되어야 하는 순환적 관계로 이어져 있다.

 물 에너지 또한 풍수지리에 있어 선악과 길흉의 비중을 크게 둔다. 즉 선성(善性: 착한 본성)의 물을 얻기 위한 득수를 강조한다. 현무 아래에서 생성된 물이 본신룡을 중심으로 양쪽 청룡수와 백호수의 수계(水界)로 경계지어 분리되며 혈심(穴心)을 조윤(調潤)케 하는데, 만약 수기(水氣)가 부족하면 에너지 응축이 불량해진다. 고로 혈심에 수기 에너지 공급을 위해 물을 얻는 것을 내득수(內得水)라 하고 그 물이 혈장 앞의 관쇄된 지점에서 서로 합하여 흘러 내려가는 물이 마지막으로 보이는 지점을 수구(水口) 혹은 파구(破口)라 하며, 득수가 혈장이 형성된 명당터 앞을 지난다 하여 득파(得破)라고도 한다. 만약 혈판이 있는 내룡이 좌선룡(左旋龍)이면 우선(右旋: 오른쪽 백호에서 돌아 감아 오는) 원진수(元辰水)의 물을 얻게 되고 우선룡(右旋龍)일 때는 좌선(左旋: 왼쪽 청룡에서 돌아 감아 오는) 원진수의 물을 얻게 된다. 청룡, 백호, 안산, 주산 근처에서 혈장 앞으로 흘러들어 모이거나 혈장을 감싸고 흘러가는 물은 모두 외득수(外得水)라 한다. 득수의 전체적 구조는 장풍 구조를 완성해야 하고 장풍의 구조적 안정은 득수의 완성 없이는 불가하다. 득수의 합을 이루지 못하면 양수(兩水) 혹은 양파(兩破)라 하여 장풍득수가 관쇄되지 않아 얻지 못하는 불리한 작용을 한다.

반대로 풍수세가 태강하면 그 세력에 의해 몸도 따라 휩쓸려 간다. 즉 태강은 진행 세력에 동화되어 건물이나 묘지의 어떤 터로도 부족하다. 이런 곳은 좋은 명당터로 발달되지 못하는 수수(受授)가 불량한 자리가 된다.

◆ 풍수용어

수수(受授) 작용   주변사 에너지체의 동조안정이 양호하여 주고받는 상대성을 지닌 작용이다. 이런 곳은 지각발달이 잘 되어 있어야 한다. 수(受)는 인(因) 특성을 지닌 영적인 특성으로 육체, 정신, 환경 등을 모두 포함되며, 부모님이 주신 것이 수(受)의 특성이 된다. 따라서 수(授)는 과(果)특성이 된다.

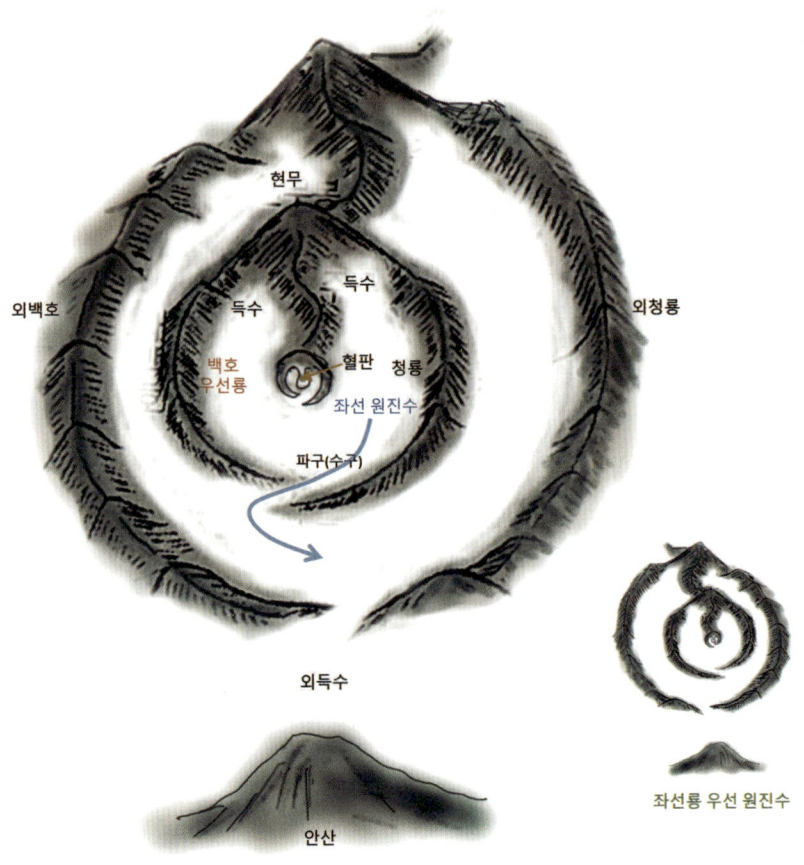

우선룡 좌선 원진수

좌선룡 우선 원진수

제4장 풍수 지형의 분석법 ◆ 167

여기까지 이해가 되었다면 풍수세(水勢論)의 길흉을 판단하는 방법을 알아보자.

1) 길수(吉水)와 흉수(凶水)를 판단한다.

사신사의 외수와 내수(현무내수, 청룡내수, 백호내수)가 혈장의 혈핵응축 동조 작용을 하면 극길수, 최길수, 평길수가 되며, 반대로 간섭 작용을 하게 되면 극흉수, 최흉수, 평흉수가 된다. 더욱이 국(局)의 외수(外水)는 사신사 외국수(外局水)를 일컬으며 조래, 환포, 전호로 그 길흉을 구별한다.

- 길(吉)의 정도: 조래(朝來) 융취수 > 환포(環抱) 융취수 > 전호수(纏護水)
- 흉(凶)의 정도: 조래충(朝來沖) 살수(殺水) > 반포(反抱) 반배수(反排水) > 전호충(纏護沖) 살수(殺水)

◆ 풍수용어

반배수(反排水) 물길이 혈장을 등지면 흉(凶)이 되는데 이를 반배수 또는 반궁수(反弓水)라 한다. 물은 혈장을 감아 싸듯 만궁수(彎弓水: 활을 당기는 모습)가 길(吉)이다.

2) 혈장 당판의 수격(水格)을 판단한다

(1) 조래수(朝來水)

안산이나 조산 쪽에서 명당을 향해 흘러오는 물을 뜻한다. 조래수가 곧바로 명당을 향해 직사수(直射水)처럼 흘러오는 것은 혈장과 전순을 파괴하는 살(殺)이 되어 좋지 않으며, 굴곡을 하여 서서히 다가와 명당을 감아 돌면서 유정하게 멈춘 듯 서서히 흐르는 것은 길하다. 이러한 물은 클수록 선길(善吉)이 크다. 조래수는 사회운 및 재물운과 관련이 있으며 래팔거팔수(來八去八水)여야 한다. 래팔거팔(來八去八)은 주산에서 형성된 내룡맥이 혈장의 청룡과 백호의 선익(蟬翼)이 되어 거팔(去八)을 이루고 그 중심 봉우리가 전순 안산이 되어 혈장을 래팔(來八)로 보호함으로써 래팔거팔 혈장이라고 한다. 반드시 단일 파구로서 풍수 입력처에 관쇄가 안정되어야 한다.

(2) 환포수(環抱水)

사신사 내 좌, 우로 둘러싸며 산을 도는 물이 혈장 앞 180도 지점을 좌선 또는 우선하여 혈장 좌우 60° 지점 이상을 감아 도는 것이 당판 명당수이다.

환포수(環抱水)

(3) 전호수(纏護水)

감고 호위한다는 뜻으로 본신 내룡맥의 좌청룡, 우백호에서 본신 내룡맥을 유정하게 감싸고 호위하듯이 보호하는 것을 말한다. 청룡과 백호의 주요 기능 중 하나이다. 사신사 에너지체의 전호, 육성, 응축 작용인 3대 역할 의무 중 하나이다. 입력 에너지 보호 기능을 맡으며 선익(蟬翼)의 분계수(分界水)로 본다.

> **Tip**
> - 혈장은 물을 받아먹는 반대 방향에 있어야 한다. 그래서 역수(逆水)라는 표현을 쓴다. 반대로 물이 나가는 방향을 향하고 있다면 거수(去水)라 한다.
> - 직사수가 입수를 치면 장손은 요절하고 결국 다른 자손도 무너진다.
> - 청, 백의 물이 급히 흘러 내려가면서 내는 소리가 크면 그 집안에 줄초상이 난다.
> - 물은 항시 맑아야 하며, 혼탁하거나 짙은 황토물은 흉이다.
> - 유량이 많고 유속이 빠를 경우 당판의 단단함을 보고 현무의 위쪽에서 혈의 가능성을 살펴야 하며, 반대로 유량이 적고 유속이 느린 경우 더 아래쪽에서 혈을 찾아야 한다.
> - 강이 크다는 것은 물과 산이 같이 많이 모였다는 것을 뜻한다.
> - 뻘이 크다는 것은 물이 고였던 자리였음을 짐작하라.
> - 요도에서 물이 나오고 지각에서는 물이 잘 안 나온다.
> - 하천은 산세의 영향 내에서만 수맥이 같이 한다.

◆ **풍수용어**

외국(外局)   사신사 에너지체 외부(外部)의 중조산과 소조산의 입력 측 에너지장과 조산(朝山) 및 외청룡, 외백호의 에너지장들을 지칭하며, 주요 임무는 사신사를 보호하고 동조하는 작용을 한다. 숨어서 감싼다 하여 외국의 성격을 암공성(暗拱性)이라 한다.

7   혈장세(穴場勢)
- 혈처와 혈장을 짚어라

주세와 국세, 수세의 합성 동조에 의한 혈장이 형성되고 그 혈장 내에는 핵응축 동조에너지인 혈핵과가 형성된다.

1) 혈장의 생김새를 파악하자

좌, 우 선익과 혈처의 모양의 생김새를 보고 크게 와(窩: 凹모양, 음혈)·겸(鉗: 凹모양, 음혈)·유(乳: 凸모양, 양혈)·돌(突: 凸모양, 양혈)의 네 가지 모양으로 구분할 수 있다. 혈장의 생김새를 파악하는 이유는 유혈과 돌혈은 입수의 힘에 의해 형성되고 와혈과 겸혈은 분벽(分壁)이 멈춰설 때 선익에 의한 좌우 균형으로 형성된다.

> **Tip**
> ◆ 유혈과 돌혈은 적자손과 서자손 모두 영향을 미치며, 와혈과 겸혈은 적자손에게만 영향을 미친다. 만약 혼전 임신이나 낙태가 있은 후, 다른 여성과 결혼하여 아이를 낳았다면 이후 자녀는 낙태 유무를 막론하고 서자손이 된다.

(1) 와혈(窩: 凹모양, 음혈)

내청룡과 외청룡이 좌, 우 균형을 이루고 혈장보다 높으면서 선익이 뚜렷해야 하며 와혈이 형성된다. 좌우 선익의 각 분기 변위 각도는 60°이다.

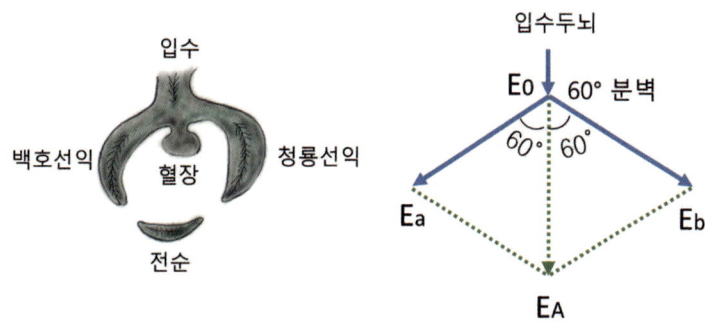

장구(張口) 와혈

> 💡 **관산(觀山) Point**
> - 와혈은 점혈이 경사진 혈판 상부에 있어 입수맥을 다치게 할 수 있으므로 약간 아래쪽의 균형적 안정 자리를 잘 짚어야 하며, 혈판이 얇으므로 그 깊이를 1.5m(5척)으로 한다.
> - 좌, 우 선익 한쪽이 길게 혈처를 감싸 안대 쪽이 닫혀 있는 장구(藏口) 와혈과 좌, 우선익이 짧아 입을 벌린 모습을 하여 안대 쪽이 열려 있는 장구(張口) 와혈이 있다.

(2) 겸혈(鉗: ㅁ모양, 음혈)

안산이 조중산보다 기운이 강하게 밀고 들어오면 겸혈이 생기는데 와혈보다 비교적 좁게 혈장이 형성되며, 좌우 선익의 각 분기 변위 각도는 30도이다.

좌우 선익이 양쪽에서 혈장을 응축하도록 모으고 있어야 하며, 선익 사이로 전순이 있어야 혈이 된다. 만약 전순이 없다면 선익이 혈 안쪽으로 휘어 구부러지거나 골이 생겨 혈이 모일 수 없다. 또한 어떤 경우라도 혈장은 평형을 이루고 있어야 한다.

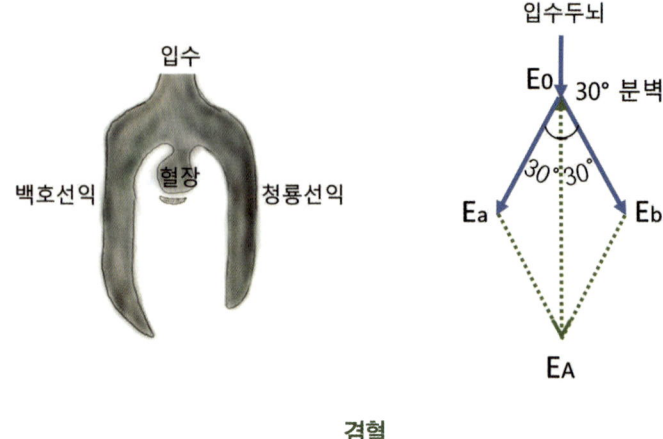

겸혈

> 💡 **관산(觀山) Point**
>
> ◆ 겸혈은 입수 쪽에 귀성이 붙어 있는지 여부 등 혈이 있을 여러 증거를 찾아보도록 하며, 만약 그 어떤 증거 없이 좌우로 지각(支脚)이 뻗어 겸혈의 모습을 하고 있는지도 살펴보아야 한다. 이런 자리에서는 혈의 기운을 찾을 수 없다.

(3) 유혈(乳: 凸모양, 양혈)

유혈은 여성의 유방과 같은 모습을 하고 있다. 돌혈에 비해 귀, 요, 관성이 약하여 상대적으로 역량이 떨어진다. 그래서 안산의 상대적 에너지의 도움이 반드시 필요하며 제대로 응기를 받지 못할 경우 현무 에너지가 설기(洩氣)가 되어 혈성을 유지할 수 없다.

유혈 종류는 폭이 좁고 길이가 길어 혈장 옆에 요성이 없는 장유혈(長乳穴), 짧은 단유혈(短乳穴), 폭이 넓고 혈장 옆에 요성이 붙어 있는 대유혈(大乳穴), 두 개가 붙은 쌍유혈(雙乳穴) 등이 있다.

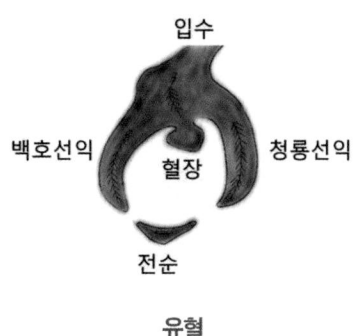

유혈

> 💡 **관산(觀山) Point**
>
> ◆ 유혈은 선익이 없거나 귀, 요, 관성이 약하므로 선익 측면이 단단한 모습을 하고 있는지의 여부를 살펴보고 혈성 유지를 확인토록 한다.

(4) 돌혈(突: 凸모양, 양혈)

돌혈은 솥을 반대로 엎은 듯한 모습을 하고 있다. 혈처 주변의 사(砂)에 의한 발달로 귀, 요, 관성의 발달로 응축 에너지 역량이 강하고 바람의 영향을 적게 받는다. 즉, 평지로 떨어져 은맥(잠룡)으로 내려오다 나온 용이 불뚝 솟아 생긴 혈로 요성과 귀성이 붙어야 진짜 혈이다.

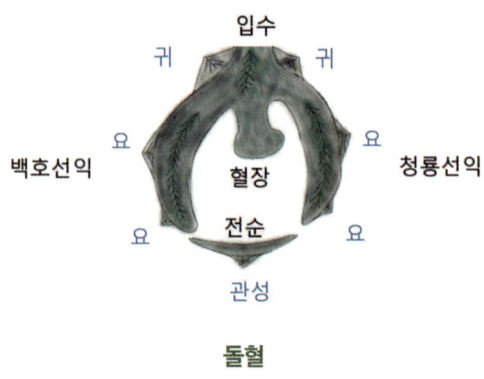

돌혈

> **Tip**
>
> **음택 재혈 깊이 와혈, 겸혈 음혈장법**
> - 천장(淺葬: 얕은 장법으로 얕게 묻는다) - 심고(深故: 계수(界水)가 깊기 때문에 천장을 해야 한다)
> - 유혈, 돌혈 양혈장법
>   심장(深葬: 깊은 장법으로 깊게 묻는다) - 천고(淺故: 계수(界水)가 얕기 때문에 심장을 해야 한다) 단, 돌혈의 경우 주위 사(砂)들이 가까운 경우에는 점혈 지점의 혈판이 깊지 않기 때문에 천광 깊이를 1.5m(5척) 이내로 한다.
> - 안산이나 청룡, 백호와 같은 주위 사신사가 먼 경우에는 맥이 깊은 반면 가까운 경우에는 맥이 얕다.

> **Tip**
>
> **유·돌혈과 와·겸혈의 격**
> - 유, 돌혈에서 인물이 나온다.
>   유, 돌혈은 혈장을 건너온 것이 전순이 되는 것으로 혈장이 입수두뇌를 거쳐서 전순이 되는 것이다. 즉 입수두뇌로부터 중심을 통해 주화 에너지 동조에 의해 취돌을 했을 때 만들어지는 직접 혈이다.
> - 와, 겸혈은 생활안정 자리이다.
>   청룡이나 백호선익이 돌아서 전순이 되는 것으로 간접혈에 해당하므로 와·겸혈이 유·돌혈의 역량을 못 따른다.

2) 재응축사(再凝縮砂) 및 수구사(水口砂)가 있는지 확인해라

　귀(鬼), 요(曜), 관(官)은 재응축사이며, 금(禽)은 수구사이다.

　사신사 에너지 및 그 에너지장이 이상적 원형 응축 동조 에너지장을 구축하면 이를 재응축 동조하기 위한 사신사 국(局) 내(內) 바위로 입체 동조 에너지체가 발로하는데 이 발로체가 바로 사신사 에너지체의 여기(餘氣: 남아있는 기운)이며 재응축사라 한다. 귀, 요, 관의 공통된 특징은 요도성(橈棹性)을 띤 반에너지체(反E体)다. 그러나 일반적으로 재응축사 및 수구사가 없는 경우가 더 많으며, 입수와 선익, 전순만 잘 갖추어져 있어도 안정된 혈처를 이루게 된다.

　현무정의 좌측과 우측 품에 안기듯 발달하는가 하면 청백사의 좌측과 우측에서 발로하기도 하고 수구에서 발달하기도 한다. 재응축사(再凝縮砂)인 귀(鬼), 요(曜), 관(官)과 수구사(水口砂)인 금(禽)의 사성(四星) 발생은 생기 질서에 의해 나타나므로 혈장을 재응축 동조 작용을 할 때에는 길사(吉砂)가 된다. 그러나 반에너지 특성을 지니고 있기 때문에 때론 간섭 작용에 의한 흉사가 되기도 하므로 주변 지형을 잘 살펴 길흉을 판단해야 할 것이다.

(1) 귀성(鬼星)

귀성 에너지의 발달 원인은 안산과 현무가 제대로 왔을 때 발생하는 것으로 현수 에너지장의 특이성에 의해 발로한다.

귀성(鬼星)은 용맥 뒤에서 나온 것으로 귀신이 숨어서 돕는 듯함을 의미하여 귀(鬼)라 하는데, 입수두뇌로 부터 1절 이내에 붙어 입수 역량을 배로 강화시키는 것으로 내맥의 생기를 입수두뇌에 공급하는 과정에서 입수를 재응축해 주는 역할을 한다. 즉 귀성의 동조력은 거리의 제곱에 반비례하기 때문에 거리가 가까울수록 동조력 에너지가 커진다. ($f=1/r^2$). 귀성의 모습은 혈장의 바로 뒤(위)쪽에 작은 바위나 흙무더기 형태로 있으며, 흙일 때 보다 암석일 때가 그 역량은 배 이상으로 더 크다.

이밖에 현무봉의 반대편(뒤)에 붙어 있는 작은 사(砂)나 바위도 귀성으로 보는데, 만약 귀성이 소의 뿔처럼 두 개가 나란히 있으면 이것을 효순귀(孝順鬼)라 하여 매우 길하게 여긴다. 횡룡입수 혈에도 낙산과 더불어 필수조건으로 반드시 필요한 것이 귀성으로 횡룡 입수에 붙은 귀성은 짧은 것이 좋고 너무 길면 혈장의 기가 오히려 그곳으로 빠져나간다.

(2) 요성(曜星)

좌우 선익 바깥쪽에 붙어 내청룡과 내백호를 반 에너지원으로 하여 금 선익의 응축력을 배로 강화시킨다. 즉 요성의 동조력은 거리의 제곱에 반비례하기 때문에 거리가 가까울수록 동조력 에너지가 커진다. ($F=1/r^2$: 힘(F)의 크기는 거리(r) 제곱에 반비례 한다.) 내청룡과 내백호 뒷부분에 붙은 것도 요성으로 본다.

요성(曜星)은 주룡의 기운이 왕성하여 혈을 맺고 남은 기운으로 생긴 작은 사격(砂格)이다. 이것도 흙이나 바위로 이루어져 있으며 위치는 정해져 있지 않다. 일반적으로 청룡과 백호 뒤편에 붙어 혈장 쪽으로 청백 용호의 기운을 밀어주는 사격(砂格)을 요성이라고 하지만 혈장의 양옆 좌우 선익의 밖에 발생한 작은 사격(砂格)도 요성이라고 한다. 혈장의 바로 양옆에 붙어 있는 요성의 발생 원리는 좌우 청룡과 백호에 의한 강한 응축을 받아 생겨나고 둘 다 혈장에 생기를 재응축해주는 역할을 하기에 매우 귀하게 여긴다.

(3) 관성(官星)

안산에 의해 발로한 관성(관사) 에너지는 현수와 주화 동조 과정에서 주화 에너지장의 특이성에 의해 발로(發露)한다. 최적 이상의 수두 작용에 의해 원형 에너지를 형성하여 관성을 발생한다. 좌, 우측 관성은 외청룡, 외백호에 의해 발로한다.

혈 아래쪽 전순에 붙어 안산을 반 에너지원으로 하여금 전순의 응축력을 배로 강화시킨다. 즉 관성의 동조력은 거리의 제곱에 반비례하기 때문에 거리가 가까울수록 동조력 에너지가 커진다. (F=1/r²:힘(F)의 크기는 거리(r) 제곱에 반비례 한다.) 안산의 뒷부분에 붙은 것도 관성으로 본다.

 안산의 뒤편에 붙어 혈장 쪽으로 그 기운을 밀어주는 것도 성이지만 혈장 바로 밑 전순의 하단부에 붙어 있는 흙무더기나 암석도 관성으로 본다. 이것은 혈장의 여기(餘氣)가 밑으로 새 나가는 것을 막아주며 생기를 혈장으로 재웅축시켜 주는 작은 사격(山)이다. 전순 밑에 붙어 있는 관성의 발생 원리는 안산의 반(反)응기 작용으로 형성된다. 그러나 안산의 뒤쪽에 붙어 있는 관성이 너무 크면 오히려 안산의 기운을 빼앗아 가기 때문에 적당한 크기여야 한다.

(4) 금성(禽星)

 금성(禽星)은 수구에서 물의 흐름을 막아 유속을 늦추어 주기 때문에 이 역시 혈장에 많은 생기를 보내 후손들의 발복과 망령의 안녕에 지대한 영향을 미친다.

 금성은 명당 좌우 및 혈장에서 물이 흘러 나가는 수구에 동물이나 새 모양을 하고 있는 큰 돌(石)을 말하는데 거북이, 자라, 물고기, 혹은 기러기가 백사장에 날아드는 모습과 같다 하여 붙여진 이름이다. 크기는 너무 작아서는 안 되고 2~3m 정도의 높이는 되어야 길하며 이것 역시 물의 흐름을 느리게 하여 혈장에 있는 생기의 이탈을 방지한다. 암석이나 독봉사 형태로 형성되는 것이지만 반듯하여야 하고 모양이 흐트러진 것은 불길하다.

💡 **사신사 에너지체 생기질서 관산 Point**

- 30°×n배 질서로 변화한다.
- 취기분벽은 생기질서이다.
- 정분벽은 생기질서이다.
- 지룡(枝龍) 발생은 생기질서이다.
- 요도(橈棹) 발생은 생기질서이다.
- 지각(支脚) 발생은 생기질서이다.
- 요, 귀, 관성에 붙은 지각(止脚)은 혈처를 다시 한번 지지해 주어 두 배로 안정시켜 준다.
- 입체 형성은 생기질서이다.
- 혈장 후착은 생기질서이다.
- 귀(鬼), 요(曜), 관(官), 금(禽)의 사성(四星) 발생은 생기 혈장이다.

3) 혈판 4대 구성 요소별로 확인하자

사신사 내 혈처가 형성되었는지 확인하기 하기 위해서는 혈판의 4대 구성요소인 입수(入首: 입수두뇌), 좌선익(左蟬翼), 우선익(右蟬翼), 전순(纏脣)의 유무로 최종 성사여부를 판별한다.

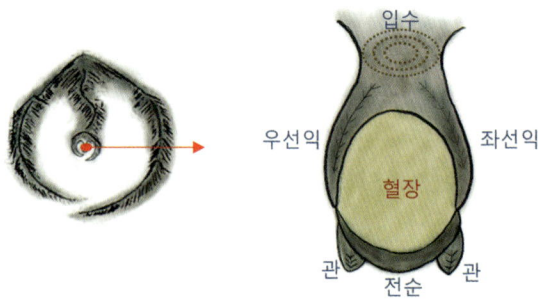

혈판 구성도

(1) 입수(入首)

혈처의 머리쪽에 해당되며, 현무에서 내려온 내맥의 혈 기운을 안정시키기 위해 취기(聚氣: 기운을 모은 곳)한 곳으로 혈처의 전조(前兆) 현상이다. 취기의 확인은 현무의 수두(垂頭)여부를 살핀 후 내맥의 시작 지점을 살피도록 한다. 입수가 취기(취돌)하지 않은 평(平)입수인 경우에는 입수 기운이 높지 않은 편이며, 기울어서 편(偏) 입수된 입수는 좋지 못하다.

- 현무에서 내려온 내맥 흐름에서 벗어난 돌, 바위가 산재해 있으면 입수기운이 정돌하지 않아 자손의 성정이 바르지 못하고 역량이 적다.
- 현무에서 내려온 내맥이나 입수에 뾰족한 첨리(尖利) 바위가 보이면 자손의 성정(性情)이 흉폭하다.
- 입수두뇌가 움푹 들어가 있으면 장손이 요절한다.

✓ 입수오격(入首五格)을 확인한다

① 직룡입수(直龍入首)

내룡맥이 진행하는 방향을 중심으로 내려와 좌우선익이 형성되면서 혈장을 형성한다. 그 남은 여기(餘氣)가 전순을 형성하게 된다. 직입수(直入首)인 경우 전순이 있어야 하며, 전순이 보이지 않는다면 입수가 무너진 결함을 찾아볼 수 있다.

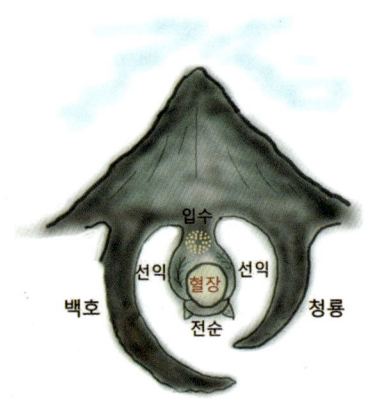

직룡입수

② **횡룡입수**(橫龍入首)

용이 진행하는 도중 행룡(行龍: 진행하는 용)의 곁을 떨어져서 쫓아오다 ∠90°로 돌아 횡으로 입수하여 혈장을 형성하는 것이며, 내룡맥은 그대로 행룡하게 된다. 혈장 앞쪽 경사도가 있더라도 좌우 선익, 전순, 귀, 요, 낙산 등이 구성져 있어 안정감이 있다. 입수에 양 귀가 있으면 안정적이며, 하나만 있다면 용의 진행 방향인 입수맥 끝 쪽에 생성되면서 매듭을 짓는 모습이 확인이 되어야 안정적이다. 만약 매듭을 지어 결부된 모습이 보이지 않는다면 행룡으로 빠져나가는 기운이 강하여 입수 역량이 부실하게 된다. 입수의 중앙지점에 귀가 두텁게 형성되어 있다면 혈장에 에너지 공급 역량이 우수하다. 앞쪽의 요성(曜星)은 양쪽으로 두 개가 있어야 혈장이 더욱 튼튼하게 균형을 이룬다. 뒤에 있는 낙산도 등을 지지 않고 유정한 모습이어야 한다.

횡입수는 처가 많으며, 본손(本孫)과 서손(庶孫) 모두 득을 보나 서손 쪽 역량이 더 크다.

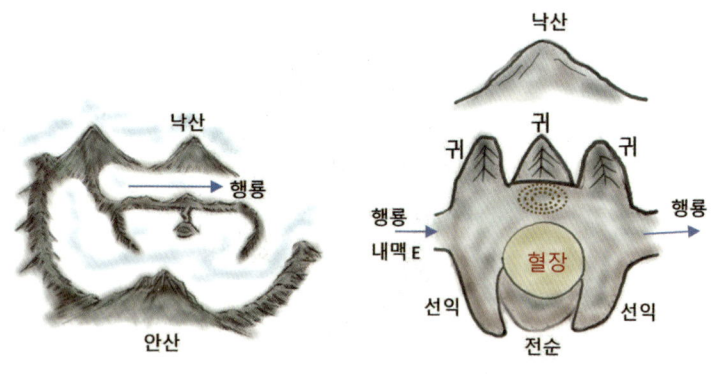

횡룡입수

> **Tip**
>
> **횡혈의 인과관계**
> - 서출 자손이 조상의 기운을 받으려면 정맥혈을 쓰면 안 된다. 만약 정맥혈을 써야 하는 경우라면 백호쪽 혈심 아래에 터를 잡는다. 그래도 큰 덕을 보지는 못한다.
> - 후실손 어머니는 횡혈에 따로 쓰도록 한다.
> - 횡혈은 분벽에 의해 형성되며, 낙산이 응축해 주어야 하고 효성스럽고 순한 효순귀(孝順鬼)가 양쪽 현무 뒤에 붙어 있어야 한다.
> - 손이 귀한 집안은 횡혈을 쓴다.

③ **비룡입수**(飛龍入首)

내룡맥이 입수를 하기 전 용의 머리를 번쩍 높이 들어 그 에너지가 급격히 위로 모여 입수된 곳으로 주변 사격(砂格)들도 그 균형이 유지되고 있어야 혈장이 형성된다. 좌우 선익이 있고 청룡과 백호의 관쇄를 받아야 한다.

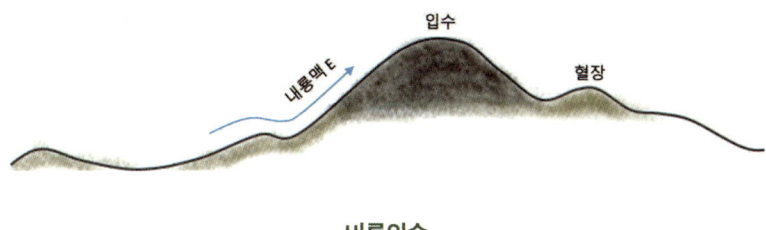

비룡입수

④ **잠룡입수**(潛龍入首: 하늘에 오르기 전 물속에 잠겨 있는 룡)

진행하던 용이 주변 평지 이하로 떨어져 행룡하다가 입수하여 혈장을 형성하는 것을 잠룡입수라 한다. 평지에 숨으면 척추의 등뼈처럼 척주(脊柱)를 확인하여 용맥을 관찰하여 찾도록 한다. 만약 척주 확인이 용이치 않아 찾기가 어려우면 관산법으로 맥을 찾도록 한다. 용이 평지로 숨게 되면 강이나, 하천, 논, 밭 어디든 찾는 환경이 달라질 수 있다.

잠룡입수

⑤ **회룡입수**(廻龍入首)

내룡맥이 진행을 하다가 좌선 또는 우선으로 ∠180°를 회전하여 조종산(祖宗山)을 안산 또는 조산으로 삼아 입수해서 혈장을 형성한 것이다. 즉 회룡입수는 조산이나 안산이 밀어서 응기(應氣)하는 에너지체가 반드시 있어야 한다. 회룡입수의 경우 충효스러운 자손이 나온다.

조종산

회룡입수

✓ **혈장 형성 방향을 확인하자**

　내맥(용)이 입수하여 혈장을 형성할 때 곧바로 들어오는 경우도 있지만 좌, 우 방향에서 선회(旋回: 돌아 들어옴)하여 들어오는 경우가 있어 구분할 필요가 있다. 구분하는 이유는 좌, 우 선익 중 어느 것이 더 발달되었는지와 그에 따른 주변 사신사의 현무와 안산의 반에너지 균형과 청룡과 백호의 응력에너지 간의 균형안정 여부를 판단하기 위한 기준이 되기 때문이다. 풍수는 첫째도 균형, 둘째도 균형임을 항시 잊어서는 안 된다.

　① **직입수혈장**(直入首穴場)
　내룡맥이 현무에서 직선으로 혈처로 들어와 형성된 혈장으로 청룡과 백호 선익의 동일한 기운으로 혈장이 형성된다. (그림 참조)

② **좌선혈장**(左旋穴場)

내룡맥이 현무에서 왼쪽으로 선회하여 혈처로 들어와 형성된 혈장으로 청룡 선익에 의한 발달로 형성된다. (그림 참조)

③ **우선혈장**(右旋穴場)

내룡맥이 현무에서 오른쪽으로 선회하여 혈처로 들어와 형성된 혈장으로 백호 선익에 의한 발달로 형성된다. (그림 참조)

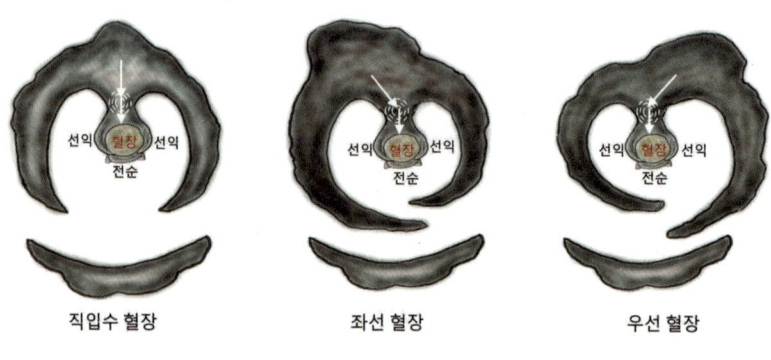

혈장 형성 방향

> 💡 **정돌(正突)한 입수 확인 Point**
> - 현무의 균형
> - 내맥의 균형
> - 청룡과 백호의 균형
> - 안산의 균형
> - 규봉사(窺峯砂: 혈장을 엿보는 바위)의 유무

(2) 선익(蟬翼)

입수로부터 좌선익(左蟬翼)과 우선익(右蟬翼)이 좌우로 나오며 혈장의 좌, 우에 있는 조금 높은 사(砂)로 발전하여 혈을 감싸 혈처 내 혈심을 보호하고 생기 에너지를 공급하여 혈핵(穴核)을 횡(橫: 가로)으로 응축시키는 역할을 한다. 그 모습이 매미 날개 혹은 제비 날개와 비슷하게 생겼다 하여 선익(蟬翼) 혹은 연익(燕翼)이라 한다.

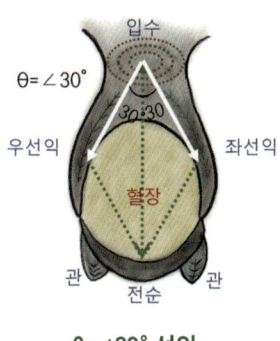

θ=∠30° 선익

- ∠30°선익: 혈 중심의 종선에서 좌우 각각 30도로 가장 이상적 혈장이다.
- ∠60°선익: 넓은 원만한 혈장으로 두 개의 요성(橈星)이 있어야 한다. 만약 한쪽에 요성이 없으면 해당 자손에 문제가 된다.
- ∠90°선익: 십자맥이 되며, 좌, 우선익에 각 두 개씩 요성이 있어야 한다. 요성이 없는 부분이 있다면 해당 자손에 문제가 된다. 혈심 안쪽으로 향한 요도나 지각(支脚)이 있는 경우 선익이 형성되지 않는다.

- 선익은 돌의 성질을 띤 단단한 석질로 되어 있으며, 전체적으로 뚜렷하거나 은은하게 보이기도 한다.
- 암석으로 형성된 선익의 경우 원정(圓正: 둥글고 바른 것)하지 않고 뾰족한 첨리(尖利) 바위로 되어 있으면 선익으로 부적당하다.
- 입맥보다 선익으로 뻗은 힘이 더 큰 경우 태과하여 균형이 맞지 않거나 입혈이 바깥쪽으로 빠져나간다.
- 청룡선익은 자손을 이어 가는 데 절대적 역할을 하기에 내청룡과 외청룡이 좋아도 청룡선익이 없으면 자손을 이어가기 힘들다.

(3) 전순(纏脣)

전순은 혈장의 혈심 앞부분으로 혈장의 앞쪽에서 혈장을 보호하고 종(縱: 세로)으로 응축에너지를 공급하는 안산 반(反)에너지 재응축 역할 기능을 한다. 전순은 관성(官星)이 붙어 있어 멈추어 있거나 회전을 해야 하는데, ∠30°회전이면 길하고 ∠60°회전이면 길함이 배가 된다.

전순이 형성되는 과정은 첫째, 입혈맥의 여기(餘氣: 남은 기운)로 만들어지는 경우와 둘째, 청룡과 백호의 강한 선익에 의해 만들어지는 경우다. 경중을 떠나 두 과정 모두 안산과 조산이 구비되어야 한다. 또한 혈장 앞에 안산으로 보이는 산이 있더라도 전순이 없으면 혈장을 보호하는 안산이 아니다. 결론적으로 혈판의 4대 구성요소가 모두 갖추어져 있어야 혈심이 만들어지는 것이다.

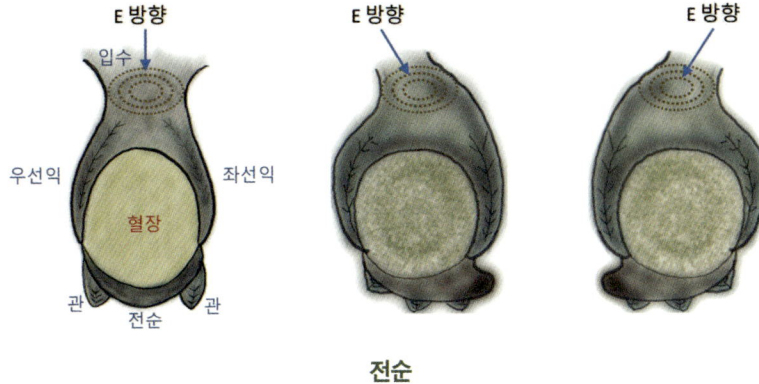

전순

- 전순이 없거나 전순에 깊은 골이 있으면 자손과 재산에 큰 해가 있게 된다.
- 전순은 두툼하고 원만해야 하며, 너무 태과하면 역성(逆性)이 되어 흉하다.
- 내맥(來脈)과 전순의 영향 관계
  - 내맥이 강하면 전순의 경사도가 높다.
  - 내맥이 약하면 전순이 들리거나 끊어진다.
- 전순은 백호 쪽보다 청룡 쪽에 더 길하다.
- 전순에 뾰족한 첨리(尖利) 암석이 있으면 흉하며, 혈을 향하여 역성(逆性)까지 지니고 있으면 하극상을 하는 자손이 나온다.

💡 **전순 확인 Point**

◆ 전순의 균형 　　◆ 안산의 균형 　　◆ 안산의 보호 여부

4) 혈장의 세력을 확인하자

혈장의 역량을 혈세(穴勢)라 하는데, 그 혈세의 역량은 용세(龍勢)와 비례한다. 혈장은 사신사와 바람, 물 등의 연분에 의해 역학(力學) 작용이 발생하여 영향을 미친다. 핵심에 의해 혈처가 만들어지기 위해서는 태조산에서부터 중조산과 소조산을 거쳐 머나먼 거리를 거쳐 왔고 주변의 산들과 연분이 되어 조응(照應: 서로 일치하여 맞이함)하여 용맥의 에너지를 응기(應氣)하고 주변의 물들이 모여들어 혈장을 조윤(調潤: 화합)케 하니 산의 핵이자 열매의 결실과 같다.

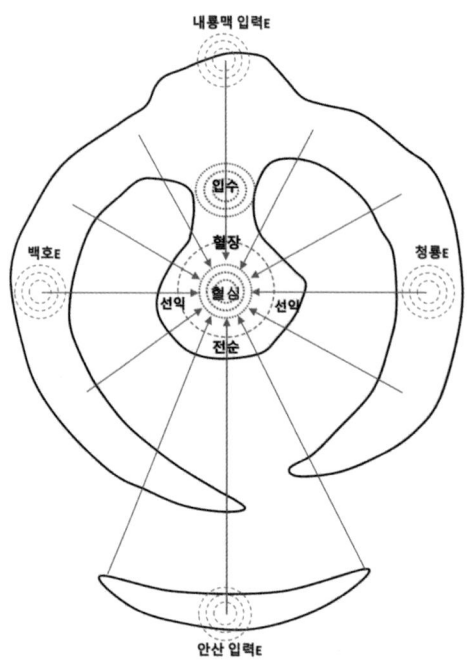

사신사 응축E 발생 및 혈장 생성도

가장 원만한 혈장의 생성도는 혈장을 중심으로 에너지 응력 작용력이 상하좌우 ∠360°방면으로 균형된 상호작용이 되어야 한다. 현무와 안산 간에 반작용 에너지가 균형을 이뤄 작동해야 하며, 청룡과 백호가 혈장으로 응력 하는 에너지 또한 균형이 이루어져야 한다.

> 💡 **취기 질서 관찰 Point**
>
> ◆ 취기 현상은 그 자체가 에너지 취집(聚集), 취적(聚積) 현상으로서 에너지 일시 정지 리듬이 반복되는 에너지체 응축 결과의 모습이다. 그러므로 취기의 바른 파악 인식은 그 취기 리듬이 어떠한가에 따라서 적기절수(積氣節數)의 취적 특성이 결정되는 것이라 하겠다. 따라서 그 취적 리듬을 파악 분석하는 방법으로는 기감에 의한 방법과 적기절수를 살펴 헤아리는 두 가지 방법이 있다.
>
> 영적 기감 인식법은 고도의 훈련을 요하여 매우 어려우니 간산을 통해 취기점의 귀, 요, 관사 발생 현황과 요도 반에너지 발생 상태를 우선 관찰하여 확인할 수 있어야 한다.
>
> 1지(枝), 1支(지), 1鬼(귀), 1曜(요), 1官(관), 1起(기), 1聚(취)는 모두 1절의 리듬 취적임을 증명한다.

> **Tip**
>
> **혈장의 상, 하**
>
> ◆ 혈장 상, 하의 조화
>   산 위(정수리 부분) 표면이 매끄럽고 부드럽다. 단단하다. 바위가 둥글다. 작은 돌맹이 하나라도 둥글둥글하게 생겼다.
>
> ◆ 혈장 상, 하의 부조화
>   산 위 표면이 푸석하고 울퉁불퉁하다. 상, 하 동조가 안 되어 돌이 뾰쪽하다.

제5장

방위세론
(方位勢論)

방위세론이란 혈장 혈핵과(穴核果)의 형성질서가 입력 에너지의 방위 에너지 방향과 선도 조안(朝案) 에너지체의 방위에너지 방향이 어떻게 상호 동조 간섭하는가를 살피면서 혈핵과(혈처)의 최적 최길의 재응축 동조 에너지를 획득해 보려는 최종 선택의 방법론이다.

따라서 가장 이상적인 방위 선상에 공급되는 입력 에너지 방향과 선도 동조되는 최길 조안(朝案) 에너지장을 발견하여 이를 연결하는 것이 최선적 최길의 원만 방위세 질서를 구축하는 것이라 하겠다.

앞서 언급하였듯이 대한민국의 지형은 선구조 특성을 지니고 있기 때문에 패철(나침반)의 사용이 그리 중요치 않다. 풍수의 입지를 좌향에 맞추어 정하게 되면 혈장에너지 흐름과 일정치 않게 되어 오히려 불안정 요인이 될 수 있다. 천광을 하여 좌향을 결정할 때도 광중(壙中) 주변에 형, 충, 파, 해살의 피해가 있지 않으면, 시신에 악영향을 미치지 않으므로 좌향에 연연하여 억지로 좌향을 맞출 필요는 없다. 즉 혈장 조건이 맞지 않는 곳에서는 혈처가 없는 곳이므로 패철을 여러 방향으로 돌려도 소용없는 일이며, 혈처인 곳에서는 오히려 좌향에 의해 혈장 중심에서 벗어날 수 있게 된다. 더욱이 연운(年運)에 의해 좌향의 좋고 나쁨, 양택삼요에 의한 8괘 방위의 적용 및 동서사

택론에 의해 좌향을 무리하게 바꾸어 오히려 해(害)가 되는 우를 범하지 않도록 한다. 패철의 활용범위는 음택의 경우에는 자손의 부족한 기운이 있거나 도움이 필요한 후손이 있는 경우에 배합룡을 기준으로 패철(1~4층)의 분금조정을 고려하여 필요시 적용토록 한다. 양택 설계에 있어선 주변 지형을 우선적으로 고려하되 좌향이나 추가적으로 배합룡을 부가적으로 맞출 수 있는 경우 보조적으로 활용할 수 있다.

즉, 패철의 사용법은 기본적 원리만 익혀 좌향과 용맥의 변화 각도를 측정하는 용도로 활용하여도 충분하다. 패철은 각 층마다 분금으로 측정단위를 표기해 두고 있는데, 주로 사용하는 해당 층은 제4층(4선)에 해당하는 배합룡 측정 부분이다.

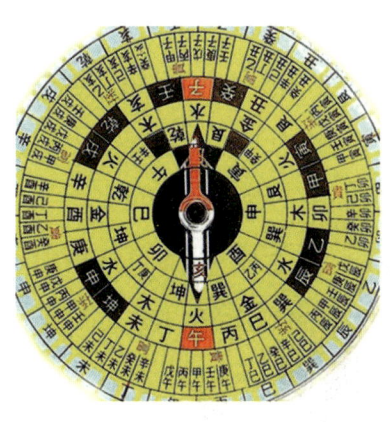

패철 안쪽부터 1층이다.
1층: 황천수 측정
2층: 팔요풍 측정
3층: 오행 확인
4층: 배합룡 측정
5층: 분금 조정

1~5층 패철도

패철 4층에는 천간의 12방위와 지지의 12방위로 조합되어 있으나 천간은 갑(甲), 을(乙), 병(丙), 정(丁), 무(戊), 기(己), 경(庚), 신(辛), 임(壬),

계(癸) 10개의 천간 중 토에 해당하는 무(戊), 기(己)의 위치에는 건(乾), 곤(坤), 간(艮), 손(巽)의 네 자를 대신하여 넣었으며, 12지지 자(子), 축(丑), 인(寅), 묘(卯), 진(辰), 사(巳), 오(午), 미(未), 신(申), 유(酉), 술(戌), 해(亥)를 모두 포함하여 총 24방위로 표시되어 있다. 한 분금 당 각도 범위는 15도의 변위각을 나타낸다. 활용 범위는 배합룡 측정 외 입수의 좌향, 좌우 선익, 지각, 요도, 요성 등의 각도를 측정하는데, 사용된다.

일반 나침반의 동, 서, 남, 북의 사정방위(四正方位)를 패철에서는 동은 묘(卯), 서는 유(酉), 남은 오(午), 북은 자(子)로 표기되며, 북서, 남서, 북동, 남동의 네 모퉁이인 사우방위(四隅方位)는 북서는 건(乾: 하늘 건), 남서는 곤(坤: 땅 곤), 북동은 간(艮: 그칠 간), 남동은 손(巽: 손괘 손)을 가리킨다.

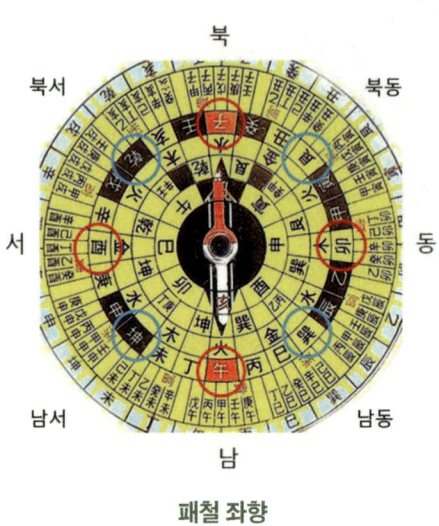

패철 좌향

1 배합룡(配合龍) 측정(패철 4층)

음양(陰陽)이 배합되는 기준인 천간양(天干陽)과 지지양(地支陽), 천간양(天干陽)과 지지음(地支陰), 천간음(天干陰)과 지지양(地支陽)인 12방위를 배합룡이라 한다.

壬子(임자)・癸丑(계축)・艮寅(간인)・甲卯(갑묘)・乙辰(을진)・巽巳(손사)

丙午(병오)・丁未(정미)・坤申(곤신)・庚酉(경유)・辛戌(신술)・乾亥(건해)

위의 12방위를 내룡맥 변화 질서에 적용하여 생기 여부를 판단하는 것으로 12방위에 해당하면서 $\theta=\angle 30°\times n$로 변화하는 경우를 배합룡이라 한다. 그 외 배합은 불배합룡으로 무기룡(無記龍)에 해당한다. 아래와 같이 불배합인 경우 인패(人敗)에 의한 가문 멸망, 재패(財敗)에 의한 파산, 병폐(病敗)에 의한 깊은 병환으로 이어진다.

亥壬(해임)・子癸(자계)・丑艮(축간)・寅甲(인갑)・卯乙(묘을)・辰巽(진손)

巳丙(사병)·午丁(오정)·未坤(미곤)·申庚(신경)·酉辛(유신)·戌乾(술건)

패철로 용맥 방향을 확인하는 방법은 다음과 같다.

① 일반 나침반과 동일하여 패철의 붉은색 침(針)을 자(子)로 놓고 반대 방향이 오(午)의 중심 선상에 오도록 맞춘다.
② 용맥이 들어오는 방향을 바라보면서 본맥이 들어오는 좌향을 확인한다.
③ 반대로 본맥이 들어오는 방향에서 변화가 있는 지점을 향해 돌아서서 변화 각을 확인토록 한다. 예를 들어 임자(壬子) 방향에서 들어온 맥이 좌측으로 30도를 틀어 움직였다면 건해(乾亥) 방향에 해당되므로 배합룡으로 본다. 다시 건해(乾亥) 방향으로 걸어가다 용이 다시 우측으로 30도로 틀었다면 임자(壬子) 방향으로 움직이는 것이며, 반대로 좌측으로 30도로 틀었다면 신술(辛戌)로 움직인 것이다.

그 외 배합삼자무기룡(配合三字無記龍)이 있는데, 배합룡 옆에 하나가 덧붙어 있는 경우다. 예를 들어 임자(壬子) 옆에 계(癸), 계축(癸丑) 옆에 간(艮) 등이 붙는 경우이며, 반대로 불배합삼자룡(不配合三字龍)으로 예를 들어 임자(壬子) 옆에 해(亥), 계축(癸丑) 옆에 자(子) 등이 붙는 경우에는 불균형적 악성 영향이 발현되기도 한다.

자북(磁北)은 패철(나침반) 자석의 방향이며, 실제 진북(眞北)은 북극성, 도북(圖北)은 지도상의 방향이다. 지구 기울기의 변화에 따라 패철의 자북 위치가 변화할 수 있는 부분이므로 시대적 연도에 따라 패철의 배합룡 방위각이 유동적일 수 있다. 물론 잦은 주기에 의한 변동 시기를 갖는 것은 아니지만, 관련 연구가 밑받침되어야 할 것이다. 이에 본 책은 용맥의 변화 질서 각을 확인하는 방법 외 다른 활용 방법은 제외토록 한다.

2 황천수(黃泉水) 측정(패철 1층)

묘 광중에 들어오는 물로 지하수나 회다지 불량, 묘석 및 둘레석 등 인공물이나 지형적인 문제로 지상에서 흘러 들어가는 물을 황천수라 한다. 이때 황천수가 침입하는 좌향에 따른 피해 영향을 보는 것이 패철 1층이다. 황천수로 인해 발생하는 질병으로는 암, 관절염, 신경통, 고혈압, 당뇨 등이 발생한다.

황천수 좌향은 임(壬)좌, 자(子)좌, 계(癸)좌에서는 진(辰) 방위가 황천수이고 축(丑)좌, 간(艮)좌, 인(寅)좌에서는 인(寅) 방위로 들어오는 물을 황천수라 하는데, 이밖에 각 좌향은 패철을 보고 방향을 판단토록 한다. 그러나 어느 방위든 물의 침입은 질병을 초래하니 원인을 제거하는 것이 급선무이다.

※ 황천살(黃泉殺) 좌향 방위
임자계(壬子癸)의 좌는 진(辰)
축간인(丑艮寅)의 좌는 인(寅)
갑묘을(甲卯乙)의 좌는 신(申)
진손사(辰巽巳)의 좌는 유(酉)
병오정(丙午丁)의 좌는 해(亥)

미곤신(未坤申)의 좌는 묘(卯)

경유신(庚酉辛)의 좌는 사(巳)

술건해(戌乾亥)의 좌는 오(午)

3 팔요풍(八曜風) 측정(패철 2층)

 골짜기 바람의 좌향에 따라 묘 광중이나 집터에 미치는 영향을 보는 것이다. 골짜기 바람은 양택이나 음택지 모두 입수, 좌우 선익, 전순 등을 파괴하여 약해진 좌향으로 팔요풍이 침범하게 된다. 특히 혈장을 중심으로 입수의 좌측과 우측의 침범 및 입수와 마주하는 방향의 위치가 팔요풍에 해당한다.
 팔요풍이 침범하여 혈심에 바람이 들어가면 나쁜 영향을 받게 되는데, 특히 건해(乾亥)풍, 간인(艮寅)풍, 손사(巽巳)풍, 곤신(坤申)풍에 해당될 경우 자손의 생명까지 위협을 받게 된다.

- 간인풍(艮寅風)
  : 남성은 간인풍이 제일 위험하다. 인목(寅木)에 형, 충, 파, 해살을 맞으면 풍이 온다. 만약 남자 왼쪽 어깨가 이상하다 싶으면 풍 증세가 오는 것일 수 있으니 주의해야 한다.

- 곤신풍(坤申風)
  : 여성은 곤신풍이 제일 위험하다. 신금(申金)에 형, 충, 파, 해살을 맞으면 풍이 발생하니 주의토록 한다. 오른쪽 대퇴부와 자궁

부위를 항상 따뜻하게 해야 한다.

- 청, 백 선익에 바람을 맞았다면 혈핵(穴核)에도 물바람이 바로 뚫고 들어온다.

  : 바람이 드는 선익을 보완하여 혈장을 단속해야 한다. 둘레석은 금물이며, 회가루와 마사토를 섞어 단단하게 한다. 선익을 두툼하게 하여 급경사를 만들어 물이 잘 빠져 나가도록 한다.

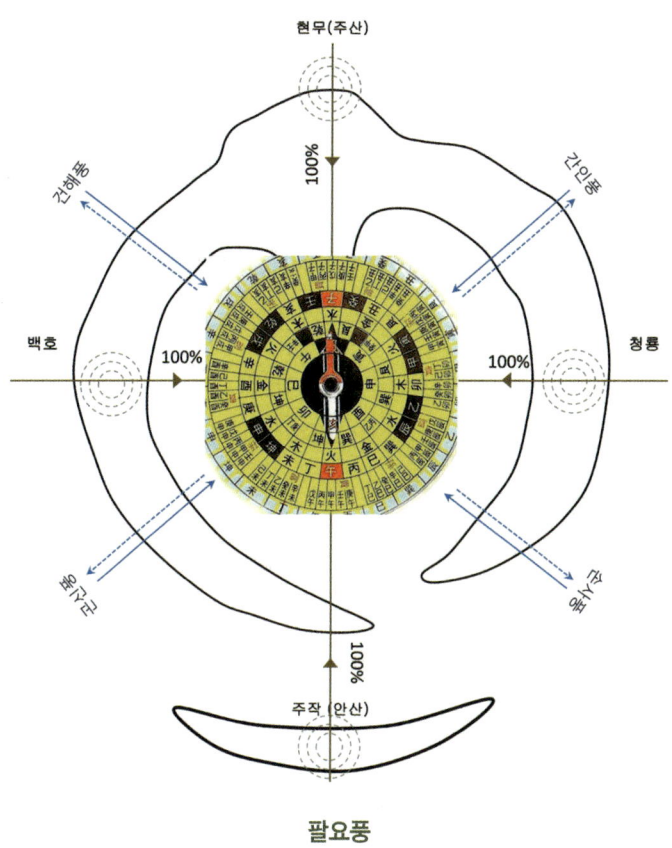

팔요풍

4 오행(五行) 확인(패철 3층)

　삼합(신자진, 인오술, 해묘미, 사유축)과 오행(목, 화, 토, 금, 수)으로 배합절 해당 방위에 따라 좋고 나쁨의 발현 시기를 수리로 추정하는 용도로 쓰인다. 그러나 선 에너지체 지형에서는 해당 혈장의 용세, 혈세, 국세의 영향에 의해 더 정확하게 확인이 가능하므로 실제 3층 용도의 필요성은 없어 보인다.

5   분금(分金) 조정(패철 5층)

분금 측정에 의한 조정의 주목적은 입수의 용맥 흐름에 따라 결정된 좌향에서 시신을 보다 안정적인 자리로 하관을 하기 위해 세밀한 조정 작업 시 활용된다. 임자(壬子) 입수에서 예를 들어 5층 분금 조정에서 갑자(甲子)좌 경오(庚午)향으로 맞추었다면 임자(壬子)입수 기준으로 좌선혈장이 된다. 반대로 임자(壬子)입수에서 병자(丙子)좌 임오(壬午)향으로 맞추었다면 임자(壬子)입수 기준으로 우선혈장이 되는 것이다. 그 기준점은 시신의 배꼽을 중심으로 혈중심 종선상에 고정시키고 시신의 머리와 하체의 좌향을 놓는 것이다. 그러나 이 역시 혈장이 아닌 곳에서는 분금 조정의 의미가 없으며, 혈장 내 입수처라도 이미 혈장의 좌향이 이미 결정된 것이므로 무리한 좌향 변경은 절대 좋은 영향을 받을 수 없다.

> **Tip**
>
> 최선, 최길 방위세 동조 에너지선은 다음과 같다.
> ① 임자(壬子) - 병오(丙午) 동조(同調) 에너지선: 건왕 운기 동조선이다.
> ② 갑묘(甲卯) - 경유(庚酉) 동조(同調) 에너지선: 건왕 운기 동조선이다.
> ③ 건해(乾亥) - 손사(巽巳) 동조(同調) 에너지선: 포태 건왕 동조선이다.

④ 계축(癸丑) - 정미(丁未) 동조(同調) 에너지선: 관대 운기 동조선이다.

⑤ 을진(乙辰) - 신술(辛戌) 동조(同調) 에너지선: 관대 운기 동조선이다.

⑥ 간인(艮寅) - 곤신(坤申) 동조(同調) 에너지선: 병사 생욕 동조선이다. (병인(丙寅), 무인(戊寅), 경인(庚寅) - 임신(壬申), 갑신(甲申) 좌향 상의 순위 질서에 따르게 된다.)

12운성(포태법) 운행표

	단계	甲	乙	丙	丁	戊	己	庚	辛	壬	癸
생(生)	출생	亥	午	寅	酉	寅	酉	巳	子	申	卯
욕(浴)	유년기	子	巳	卯	申	卯	申	午	亥	酉	寅
관대(帶)	청년기	丑	辰	辰	未	辰	未	未	戌	戌	丑
건록(官)	활동기	寅	卯	巳	午	巳	午	申	酉	亥	子
제왕(旺)	왕성기	卯	寅	午	巳	午	巳	酉	申	子	亥
쇠(衰)	쇠퇴기	辰	丑	未	辰	未	辰	戌	未	丑	戌
병(病)	노년기	巳	子	申	卯	申	卯	亥	午	寅	酉
사(死)	고독기	午	亥	酉	寅	酉	寅	子	巳	卯	申
묘(墓)	사멸기	未	戌	戌	丑	戌	丑	丑	辰	辰	未
절(絶)	영혼기	申	酉	亥	子	亥	子	寅	卯	巳	午
포태(胎)	생성기	酉	申	子	亥	子	亥	卯	寅	午	巳
양(養)	태아기	戌	未	丑	戌	丑	戌	辰	丑	未	辰

> **Tip**
>
> **패철 사용 예제**
>
> ◆ 서울 인왕산 정상의 주봉 바위에서 패철을 사용한 예이다
>
> 서울의 백호인 인왕산(338m)은 서울 종로구 무악동과 서대문구 홍제동의 경계에 있는 산으로 우출맥이 홍제동으로 가며, 좌출맥이 서대문에서 사직-경희궁-덕수궁으로 이어진다. 인왕산의 특이점은 북악산과 인왕산의 경계 지점인 자하문 부분이 함몰하여 충살인 바람골이 형성되었다는 것과 인왕산의 형세를 보면 백호로서 제 역할을 하고 있는지 아니면 그 자체로서 주산이 되고자 하는지를 파악할 수 있어야 한다. 이는 사직공원으로 내려온 용맥도 'V'자 모양으로 꺾여져 환포하지 않고 돌아섰으며, 인왕산의 주봉도 배역하는 모습을 하고 있기 때문에 관산을 통해 궁구할 수 있는 좋은 코스이다.
>
> 인왕산 정상에서 본 주봉 바위를 살펴보면 북악산 안쪽 방향이 아닌 안산(鞍山)*(295m)방향으로 기운 것을 볼 수 있다. 이는 바위가 넘어진 방향으로 기운이 가고 있음을 나타낸다. 넘어져서 가는 기운을 잘 살펴보면 인왕산의 힘이 강하여 바위를 민 것이 아니라 밀려가는 방향 쪽의 힘이 강하여 잡아 당겨지는 모습을 하고 있다. 즉, 인왕산은 북악산의 외백호 역할 기능보다 인왕산 자체의 청룡기운으로 무악동의 청룡역할이 주된 기운임을 알 수 있다.
>
> 즉, 인왕산 정상은 북악산의 을진(乙辰)에서 간인(艮寅)방향으로 들어와 선(線) 특성이 강한 'T'자(90도)의 입체 형태로 인왕산 정상이 형성된다. 정상에서 건해(乾亥)와 손사(巽巳)로 힘의 방향이 나누어지고 그중 힘의 방향이 건해(乾亥)방향에서 요도를 발생하면서 임자(壬子)방향으로 에너지 방향성을 나타내며 임자(壬子)방향의 계축(癸丑)결을 내는 바위를 확인할 수 있다. (해석: 내룡맥의 안정 변위각은 θ=∠30°×n 법칙질서에 부합된다. 즉, 용맥의 움직임이 ∠+30°, ∠+60°, ∠+90°로 진행해야 정상적인 각도이다. 패철(나침반) 확인 시 을진(乙辰)에서 간

---

* 안산(案山)은 혈장 앞쪽에서 혈장을 보호하는 산을 말하며 여기서 지칭하는 안산(鞍山)은 서울특별시 서대문구에 위치한 지명(地名)의 산 이름이다.

인(艮寅)으로 용맥이 움직이면 60도에 따른 최상의 안정 각을 뜻하며, 간인(艮寅)에서 건해(乾亥)와 손사(巽巳)로 각각 90도로 나눠지면서 한 개가 아닌 두 개의 용맥이 형성되었다는 것은 강한 입체 형태를 취하고 있음을 의미한다. 또한 용맥이 요도의 가지를 발생하면서 건해(乾亥)에서 임자(壬子)로 30도 각을 취하면서 움직였다는 것은 해당 방향으로도 진행하려는 기운이 작용하고 있다는 증거이다.)

즉, 손사(巽巳)향으로 내려가는 용맥이 남산을 향하고 있지만 인왕산의 기운이 무악동과 홍제동 방면으로 향하고 있는 또 하나의 증거이다.

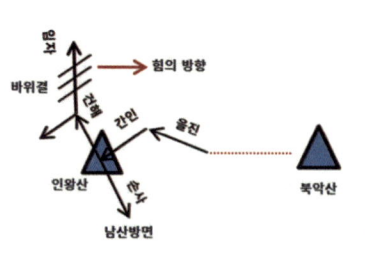 

인왕산 정상의 주봉 바위 위치

제6장

기타 주요 원리

1 산의 배면(背面) 원리인 등과 배를 구분할 수 있어야 한다

산은 앞과 뒤의 배면(背面)을 구분할 수 있어야 한다. 일반적으로 '배면(背面)'을 말할 때 '배(背: 등배)'가 등이며, '면(面: 앞면)'이 앞이다. 그러나 순수 우리말인 '등배'로 말할 때는 우리 신체와 마찬가지로 '등'이 뒤며, '배'가 앞을 뜻한다. 산의 특성에 있어 등은 두툼하거나 볼록하기에 ⊕으로 표기하며, 배는 반대로 오목하여 ⊖으로 표기하니 풍수인들이 산을 놓고 말할 때 '배면' 기준인지 아니면 '등배' 기준으로 말하는지 헷갈리지 않도록 주의한다. 본 글에서는 순수 우리말인 '등배'를 기준으로 설명하도록 하겠다.

산의 등배는 산을 움직이는 에너지 특성인 분벽과 요도 등에 따라 확인할 수 있어야 한다. 분벽이나 요도에 의해 회전하는 용맥의 외측(바깥쪽)이 등이 되며, 용맥의 내측(안쪽)이 배가 된다. 용맥의 입출력 기준으로 본다면 용맥의 입력 측(뒤쪽)이 등이 되며, 용맥의 출력 측(앞쪽)이 배가 되는 것이다. 즉, 에너지장(E filed)의 내측(안쪽)이 배가 되어 집터나 묘터가 되는 것이므로 중출맥이 있으면 무조건 배(앞쪽)라는 의미이다.

다음 그림은 분벽 및 요도가 발생하였을 때에 등배를 구분하는 방법이니 내용을 익혀 두었다가 관산 시에 확인토록 한다.

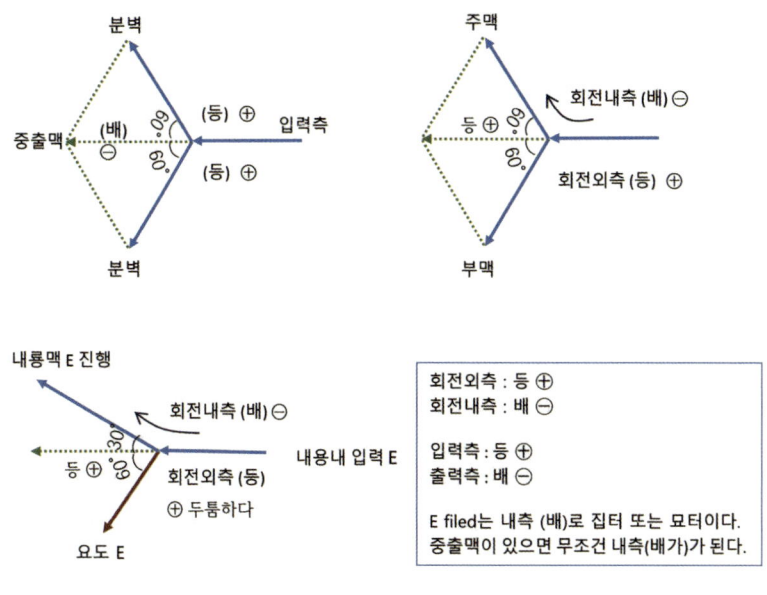

등배 원리

※ 산의 등배는 판별하는 관점에 따라 크게 4가지로 구분할 수 있다.

첫째. 내룡맥(진행맥)의 등배(오변역체의 등배) : ⊕등, ⊖배

: 진행맥의 에너지 입출 기준으로 하였을 때 에너지 입력 쪽이 ⊕등이고 에너지 출력 쪽이 ⊖배가 된다.

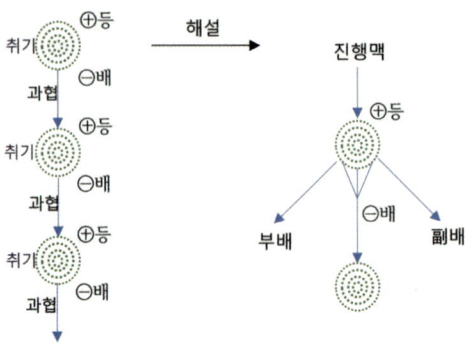

내룡맥 등배

둘째. 사신사의 등배
: 혈심(穴心) 응축 에너지장의 발생처가 ⊖배가 되고 반대 면이 ⊕ 등이다.

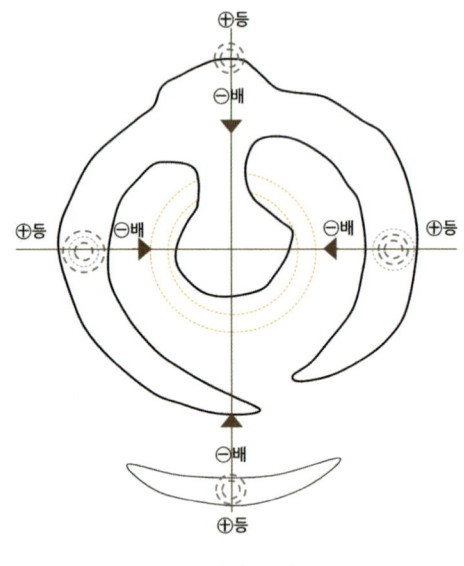

사신사 등배

셋째. 혈장의 등배

: ⊕등이 Inlet(주입구)이며, ⊖배가 Outlet(발산)이다.

넷째. 입체구조의 등배

: 주 에너지의 흐름 방향이 ⊖배가 되고 반대쪽이 ⊕등이다. 아래 그림은 일자맥의 토체산을 측면에서 본 입체구조의 등배로 요도가 발달된 쪽이 ⊕등이고 그 앞쪽이 ⊖배가 된다.

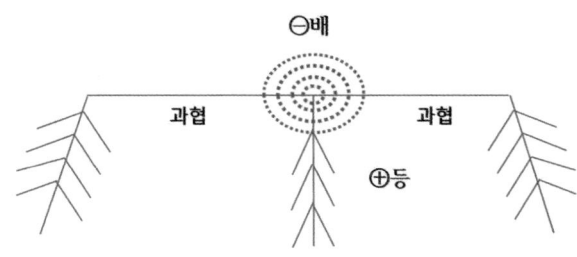

토체(土體) 측면 입체구조의 등배

2 입수두뇌에서 삼방출(三方出)을 하기 위한 조건

혈장이 형성된 곳을 보면 맞은편에서 마주하는 선미(善美)한 산이 안산이 되어 찾아가는 모습을 한다. 이때 상대산과 이어지는 주맥은 배(앞⊖) 특성을 안고 간다. 반면 상대산 없이 끝나는 곳은 등(뒤⊕) 특성을 안고 간다. 즉, 혈장이 형성된 곳은 상대산이 항상 선도한다.

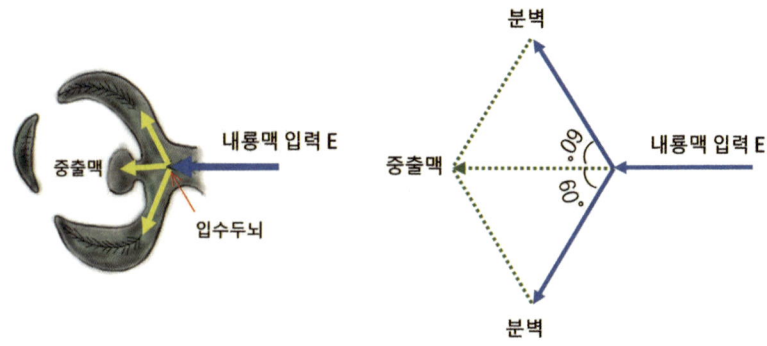

내룡맥 삼방출

3 산의 선도(先到)와 후착(後着) 관계를 알아야 한다

산이 후착하여 혈을 맺기 위해서는 선도하는 산이 있어야 한다. 즉, 선도하는 산은 안산(주작)이 되며, 후착하는 산이 주산(현무)이 된다. 선도하는 산은 다음의 특징이 있다.

① 크게 안아 보호하려는 개장(開張) 특성이 있다.

② 분벽 지룡맥을 보이며 모으려는 회합(會合) 특성을 보인다.

③ 종착점에는 지각(止脚)을 발생하여 선착(先着)하였음을 보인다.

④ 선도하는 안산은 개장(開帳)이 아닌 개장(開張)특성이므로 혈을 잉태하지 않는다.

⑤ 선도하는 에너지체는 중심이 혈장과 ∠180° 위상각(位相角)으로 마주보며 유지한다.

4 산을 볼 때는 과거, 현재, 미래를 잘 들여다 보아라

관법(觀法)을 동양에서는 정신적 수도의 한 방법으로 관조(觀照: 지혜로써 사물의 실상을 비추어 봄)라고 한다. 관법은 크게 진리를 관조하는 관법(觀法)과 마음을 관조하는 관심(觀心: 마음의 본성을 바르게 살피는 것)으로 나누기도 하나 이 모든 것이 마음에 달린 것이므로 이 모두를 관법으로 본다.

산을 보는 관법에는 크게 세 가지가 있는데, 있는 그대로를 보는 실상관법(實相觀法)과 일어난 일에 의해 나타난 현상을 보는 피상관법(皮相觀法), 안 보이는 정체를 보는 무상관법(無常觀法)이 있다. 특히 무상관법은 산의 원만 의지를 보기 위함인데, 산이 집합생기 의지를 보이면 생명질서가 있는 것으로 판단하며, 이산소멸 의지가 보일 때는 반(反)생명질서가 있는 것으로 판단한다.

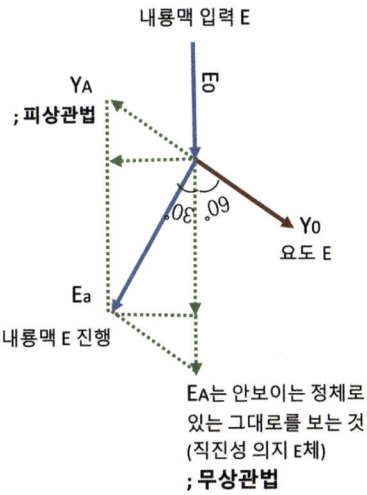

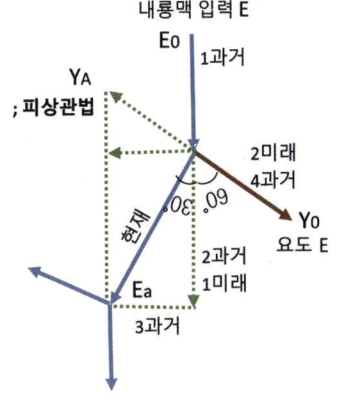

관법의 실제

제6장 기타 주요 원리 ◆ 219

5 취기맥(聚氣脈)은 수수(受授) 작용이 잘 되어야 한다

취기맥은 본신룡과 주변사의 관계 작용으로 속기(束氣)가 되어 혈장을 생성하기 전 내맥(來脈)을 움켜쥔 것처럼 잘록한 형상을 뜻하며, 지구핵 에너지가 지구표면에 이동에너지 형태로 나타나는 현상으로 천체 에너지와 지기 에너지가 동조된 곳으로 본다.

여기서 속기(束氣)라는 말은 취기 과정에 균형을 이루어 좌우가 균등할 경우 수수 작용이 잘 이루어졌다는 표현으로 쓰인다. 속기는 묶음의 다발이라는 의미인데, 인체에 있어선 목, 코상근(콧잔등), 팔목, 발목 등에 해당되며, 인체 건강의 지표로 삼아 해당 부분이 발달되면 자손의 기운도 강함을 판단할 수 있다. 사람의 코상근(콧잔등) 또한 에너지 통로 역할을 하는데, 상근이 좌우로 흔들리면 속기처의 문제가 있는 것으로 판단할 수 있다.

즉, 속기처의 문제는 천체 에너지와 지기 에너지가 동조 없이 흔들린 것으로 청룡과 백호 기운에 발생한 문제로 판단할 수 있으며, 콧등의 높낮이에 의해선 현수 입력 에너지의 강도(剛度) 및 역량을 판단할 수 있는 기준이 된다. 그만큼 취기맥의 영향력은 크다 할 수 있다.

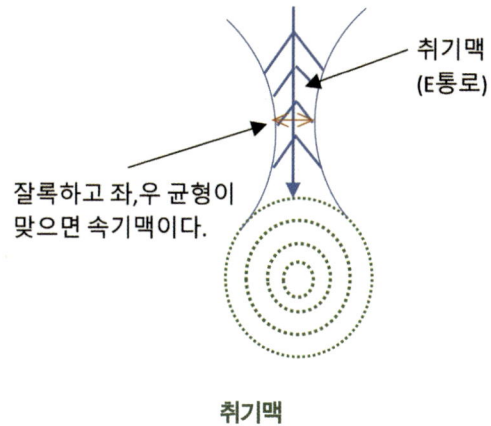

취기맥

　따라서 현무(주산)는 입체구조로 집합 특성을 갖고 있으며, 취기맥 의지에 따라 주는 특성이 결정된다. 취기맥은 현무에서 입수두뇌 사이의 잘록한 부분을 지칭하며, 주고받는 특성을 결정짓는 변환점으로 강한 수수 작용(受授: 주고받음)을 해 주어야 한다. 그 모습은 잘록하되 좌우 크기가 같고 어느 한쪽으로 치우치지 않게 균형을 이루어야 한다. 취기맥의 수수 작용은 선구조 에너지체를 통해 입수두뇌를 걸쳐 입혈맥으로 들어오기 때문에 혈장특성과 취기맥은 거의 같은 수수 특성을 갖게 된다. 그래서 취기맥의 주는 특성이 안 좋으면 입수두뇌도 좋지 않으며, 받는 특성이 안 좋으면 좌우 청백이 간섭하여 에너지 손실이 커진다. 즉, 취기맥이 건강하려면 청룡, 백호, 안산이 모두 건실해야 한다.

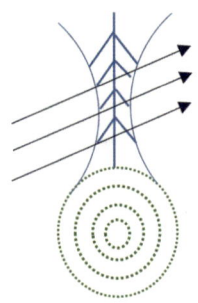

풍수해(風水害)에 의한 횡조

만약 취기맥에 바람 피해로 인한 횡조(橫組: 가로줄)가 발생하면 물이 침입하여 혈장에 문제가 발생하므로 잘 관찰토록 한다.

> **Tip**
> ◆ 한 집안의 가문을 볼 때도 부모와 자식 간에 수수 작용이 잘되어야 그 가문이 살고 대가 이루어진다. 그래서 가족 내 대화가 중요한 것이며, 절대 야단치고 윽박지르면 안 된다. 대화가 없는 집안의 경우 과맥 지점이 끊어진 경우가 많다.

◆ 풍수용어

수수(受授) 수수는 주면 받는 상대성을 지닌 작용이다. 수(受)는 인(因) 특성을 지닌 영적인 특성으로 육체, 정신, 환경 등을 모두 포함되며, 부모님이 주신 것이 수(受)의 특성이 된다. 따라서 수(授)는 과(果)특성이 된다.

6 12용격(龍格)을 확인하라

산을 볼 때는 기본적으로 12용격의 음양을 확인할 수 있어야 한다. 용격이 생의 특성을 지니면 양⊕으로 작용하고 멸의 특성을 지니면 음⊖으로 작용한다. 그래서 용이 굽으면 그 특성에 따라 양일 수도 있고 음일 수도 있으므로 용격(龍格)의 각 특성을 잘 살펴 판단토록 한다.

용격(龍格)		특성
생(生)	⊕	θ=∠30°×n 확인하여 살아 있는 용인지를 확인.
사(死: 죽음)	⊖	θ≠∠30°×n
왕(枉: 굽을)	⊕⊖	요도가 없으면 노룡이다. 타력적, 변위 등을 살핀다.
복(福: 복)	⊕	금체, 목체(귀인(貴人)), 토체(극귀(極貴)).
귀(鬼: 귀신)	⊕⊖	기복이 크다⊕, 기대적(起大的)⊕, 괴기(怪奇)⊖.
겁(劫: 위협)	⊖	혈장을 찌르는 것, 형해(刑害: 정신적 신체적 해) 겁룡: 지룡맥이 찌르는 것.
응(應: 응할)	⊕	주변 산세와 다정다감하게 내려오는 것.(동조적) 만약 중간에 과맥이 있으면 남의 도움으로 이겨 낸다.
유(遊: 놀)	⊕⊖	흔들대는 것, 자력보다 타력이 더 강하다(청백이 흔들림).
읍(揖: 공손)	⊕	진(進), 청백이 감싸고 온다. 안산도 감싸고 있다. 예능인.
병(病: 질병)	⊕⊖	편룡(偏龍) 종손문제, 연분문제, 병든 자손. 청룡 문제(각기병, 불구), 백호 문제(기관지, 폐, 대장, 갑상선, 관골, 뼈조직, 간질환, 풍, 눈 문제).

절(節: 마디)	⊖	과맥 절단 등의 문제(뼈골에 풍이 들어가면 유전병, 생식기). 취기 위 문제: 정신병, 정기(精氣)병, 생식기 문제. 취기 아래 문제: 혈육(血肉)병 문제.
살(殺: 죽을)	⊖	지각을 안벌리고 찌르는 것(살인자 자손). 겁룡, 강력한 충살(冲殺), 흉폭한 자손. 절대 용을 깎고 집을 지으면 안 되는 이유이다.

7 상대 에너지의 동조원리를 이해하라

상대 에너지가 동조(同調: 서로 보조를 맞춤)가 된다는 것은 생기(生氣) 에너지장이 형성된다는 것이다. 만약 백호가 없으면 청룡도 없는 것이다. 왜냐하면 청룡이 감아야 백호가 따라오기 때문이다. 청룡이 왔는데 백호가 없다면 청룡이 감지 못하고 밖으로 젖혀져 가기 때문이다. 마찬가지로 청룡이 없으면 백호도 없게 된다.

- 생기(生起) E장은 동조 E장이다. → 생명(生命) E장으로 생기(生氣)맥의 선룡(善龍)이다.
- 소멸(消滅) E장은 간섭 E장이다. → 사기(死氣) E장은 무기맥(無氣脈)이거나 사맥(死脈)이다.

> **Tip**
> - 청룡은 돌아서도 되돌아올 가능성이 높다. 단 청룡도 3번 연이어 꺾이면 영원히 돌아선다.: 자식도 같은 실수를 3번 이상 하면 포기해야 한다.
> - 백호가 돌아서면 되돌아올 가능성이 희박하며, 백호가 들기까지 하면 돌아선 것이다. 즉, 백호가 좌선한다는 것은 백호 의지가 아닌 다른 자리의 청룡화가 되었다는 것이다.
> - 백호가 90°로 꺾일 때는 3번 만에 바로 돌아선다.

- 청룡이 꺾인 자리면 후손이 주색잡기(酒色雜技)를 하여 사회의 윤리도덕을 타락케 하여 본인과 가정을 망쳐 결국 노숙자가 된다.
- 백호가 꺾인 자리면 후손이 화류계의 방탕한 생활로 나간다.

8 엿보는 봉우리 규봉(窺峯)과 유정한 월봉(越峯)을 명확히 구분하라

규봉은 혈장을 중심으로 주변의 산들이 보호국(局)을 이루는 데 있어 오히려 방해가 되는 산봉우리를 칭한다. 혈장에서 보았을 때 측면이나 뒷면에서 엿보듯 하는 날카롭거나 훔쳐보는 듯한 기분 나쁜 모습을 하고 있다면 규봉인 것이다. 일명 도적봉(盜賊峯) 혹은 줄여서 적봉(賊峯)이라고도 부른다. 혈장에서 이러한 봉우리가 보이면 그 터의 자손들은 도적질을 하거나 반대로 도적을 맞게 된다. 집터에 있어서도 엿보는 봉우리가 보이는 것이 있다면 도둑이나 강도를 맞는 살(殺)이 된다.

반면 정대(正對)하고 바르며 살며시 넘보는 산을 월봉이라 한다. 그 모습이 이쁘고 유정해 보이면 담 너머로 구경하는 듯한 모습이므로 흉악이 되는 규봉이 아니다.

월봉과 규봉을 명확히 구분하자면, 월봉은 넘어서 보는 것으로 θ=∠180°로 마주하여 정면(正面)으로 보이는 봉우리이며, 규봉은 옆눈으로 보는 것으로 θ=∠30°로 사면(斜面)으로 날카롭다. 살(殺)을 해하는 위치인지 아니면 당하는 위치인지는 풍수역학의 원리에 따라 짚어보면 된다. 형, 충, 파, 해, 원진살에 해당하는 규봉이 나를 찌르는 입장에 있으면 피해를 당하는 자리이며, 반대로 해당하는 살이 남을 찌르는 입장에 있다면 피해를 주는 가해자의 입장이 될 것이다.

설령 월봉이 귀한 봉이긴 하나 안대로 놓을 때는 항상 신중을 기해야 한다. 왜냐하면 월봉은 안산에 더하여 있는 봉이므로 항상 과하거나 지나칠 수 있기 때문이다. 집터나 묘터가 월봉으로 인하여 골바람이 들어오게 되면 공망이 되어 함정으로 작용하기 때문이다. 즉, 월봉은 무조건 혈장과 안대 중심에 두어야 하며, 풍수역학(사주)에서도 마찬가지로 자(子)와 오(午)가 일주 중심으로 운행되어야 한다.

- 자오(子午) 공망은 정신불구이다.
- 사해(巳亥) 공망은 건강불구로 심장과 신장에 문제가 된다. 학업 이수가 한번에 안 되며 휴학이 잦다. 또한 무정자증이 심하다.
- 축미(丑未) 공망은 건강불구로 비장과 위장에 문제가 된다. 특히 축에 문제가 있으면 수리 능력이 약하다.

> **Tip**
>
> ◆ 월봉은 주화(朱火)인 안산 뒤에 있어야 가장 안정하고 귀하여 횡재운이 들어오며, 반대로 현수(玄水)인 주산 뒤에 있으면 월봉이 아닌 규봉이 되어 조상의 기운을 흔들게 된다.

규봉이 보이는 위치별 피해

9 독봉사(獨峯砂)와 독산(獨山)의 의미를 구분하라

독봉사는 혈장을 중심으로 홀로 떨어져 있는 독립된 산이라 해서 붙여진 이름으로 독봉산으로도 불린다. 산이 풍만하고 수려하여 혈장을 향해 유정하게 조응(朝應)하면 그 혈장의 자손은 부귀를 누린다. 특히 수구(水口) 위치 뒤로 독봉사가 있다면 더욱 길하다.

반면 독산은 산맥 줄기가 이어지지 않고 홀로 떨어져 나와 솟은 산이다. 주변에 대치하는 산이 낮고 적은데 홀로 크게 우뚝 솟은 모습이 균형을 이루지 못하여 외롭게 보인다. 이런 산은 생기가 뭉치지 않거나 지기 자체도 생기지 않아 성혈 의지가 없는 산으로 이곳에 묘를 쓰면 자손이 끊기는 집안이 된다. 주변 산들이 없어 상호 동조가 안 되니 혈장 형성은 불가하다. 독산의 피해도 규봉과 마찬가지로 풍수역학의 원리에 따라 독산의 형, 충, 파, 해, 원진살에 해당하는 위치 및 입장에 따라 피해의 강도(强度) 및 입장 차가 달리 적용되니 간법과 관법을 통해 잘 파악하도록 한다.

10 바위(돌)의 길흉을 판단하자

　내룡맥 중심 선상에 바위가 자리 잡고 있으면 길하나 용맥 중심에서 벗어난 바위나 돌은 흉하다. 입수 방면의 돌이 선익 쪽과 상호 연결되어 있으면 동조하여 길하게 작용한다. 그러나 입수 쪽 돌이 선익 쪽 돌보다 크거나 넓게 분포되어 있으면 입혈맥을 방해하거나 당판의 광중까지 암반으로 덮여 있어 천광 시에 석골이 나와 사용할 수 없는 터가 될 수 있다. 돌이나 바위는 작을수록 박힌 것이 좋으며, 선바위(우뚝 서 있는 바위)처럼 크면 뜬 것이 좋다. 특히 바위 위에 얹힌 선바위는 지기가 충만한 자리임을 증거하는 것이다. 한편 땅 위의 선바위는 흉석의 모습을 보이면 좋지 않다. 또한 전순이나 선익이 아닌 쪽에 지나치게 분포된 바위는 해당 터가 태과한 자리로 당판이 동조되지 않고 불균형을 이룬 것이다. 돌은 항상 원만 단정하게 원형에 가깝고 선미(善美)해야 하며 절대 뾰족하거나 날카롭게 서 있는 모습은 자손의 성정(性情)이 흉폭하거나 흉화를 당하기 쉬운 기운으로 작용한다. 또한 흉한 돌이나 바위는 색상도 회색이나 무채색에 가깝고 무광의 거무스름한 모습을 하고 있으며, 차돌 또한 흉한 돌에 해당된다.
　흉한 돌이 묘터에 박혀 있다면 해당하는 위치의 자손에게 해(害)를 입게 되며, 양택지 주변에 그러한 돌이 있으면 흉지로 작용하여 거주

자에게 건강상에 피해가 가는 일이 반드시 발생한다.

> **Tip**
> ◆ 암은 토질병에 기인하는데, 질병을 일으키는 돌과 바위는 흉석질, 흰돌, 돌줄, 풍화암, 현무암 등에 의해 발병한다. 특히 현무암은 간담 질환을 유발시킨다. 이와 같은 돌들은 습(濕)을 많이 갖고 있는 이유이기도 하다.

11 계절풍에 발생하는 질병을 파악하자

　우리나라 서북풍의 바람은 겨울의 찬바람으로 냉병의 원인이 되며 만물을 살벌하게 하고 움츠리게 한다. 그래서 서북풍을 인정과 사랑이 부족한 사람으로 비유하기도 한다.
　북동풍 바람은 동해안에서 태백산을 넘어 서쪽 사면으로 부는 북동 계열의 높새바람으로 늦봄부터 초여름에 걸쳐 불어오는 매우 건조한 바람이다. 건조(乾燥)병과 정신병에 유독 영향을 미친다. 체질 중 축오(丑午), 해오(亥午), 사해(巳亥), 축미(丑未)에 해당하는 사람들은 서북풍과, 북동풍 바람에 항상 주의하여 건강관리를 해야 한다.
　반면 동남풍의 바람은 만물을 소생시키는 바람이긴 하나 습한 바닷바람이라 피부질환에 유의해야 한다. 남서풍은 봄과 가을에 부는 따뜻한 바람이다.

- 축오(丑午) 체질은 북동풍 영향으로 뇌에 풍을 맞아 당뇨, 어지럼증 등이 발병하며 특히 봄, 가을에 발생하는 정신(우울증)질환에 취약하다.
- 해오(亥午) 체질은 북서풍 영향으로 냉병이 발생한다. 인체 하부의 자궁과 방광 등의 부인과 질환과 인체 상부의 심장병, 저혈압,

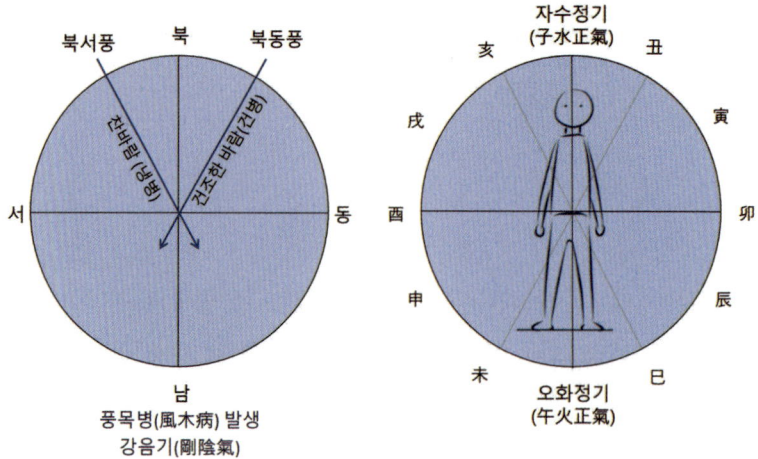

계절풍 인체 영향

혈류병, 중풍이 발생하기 쉽다. 특히 겨울에 발생하는 정신질환에 취약하다.

- 사해(巳亥) 체질은 북서풍 영향으로 해오(亥午)와 비슷한 질환이 발병하며, 저혈압과 장부가 꼬이는 혈병, 풍병 등이 발생한다. 사(巳)에 해당하는 심장, 소장병이 먼저 들고 수(水)에 해당하는 신장질환이 발생한다.
- 축미(丑未) 체질은 북동풍 영향으로 토(土)병이 발병하여 지라, 당뇨, 비장, 위병 등이 발현한다.

질병 발병과 관련한 자세한 부분은 풍수역학과 연관하여 공부토록 한다.

12 묘터의 습토(濕土) 확인법

묘(산소)의 습토 침범 확인은 이끼와 갈대, 혹은 이끼와 쑥이 묘의 왼쪽 어깨 위치에 있는지 여부로 확인한다. 응달 이끼와 습토에 따른 이끼를 구별할 수 있어야 한다. 무덤가 흙에 습이 많으면 후손의 건강에 습토병이 엄습하기 마련이다.

응달에 발생하는 이끼는 묘 전반에 걸쳐 생기며, 습토 문제로 발생하는 곳에는 이끼가 줄을 이어 생기는 특성이 있다.

혈터에 재혈이 잘 된 곳에서는 습토로 인한 염(炎)의 침범이 없겠으나 그렇지 못하여 묘터에 이끼가 보인다면 습토 문제로 인한 수염(水炎)이 발생하였는지를 주의 깊게 살펴야 한다. 그 피해 양상을 보면 지하수로 인하여 광중에 물이 고이게 될 경우 시신의 부패와 육탈을 방해받게 된다. 반면 지표수의 침범에 의한 경우에는 시신의 산화를 급속화 시켜 보존할 수 없는 상태가 된다.

풍수에서 염(炎)이라 함은 묘터가 좋지 않거나 관리 소홀에 의하여 물(수염)이나 바람(풍염), 나무뿌리(목염), 벌레(충염), 균(모염) 등에 의해 유골이 해를 입는 것으로 자손에게까지 나쁜 영향을 미치게 한다.

> **Tip**
>
> **묘터의 풍한서습조(風寒暑濕燥)에 의한 질환**
>
> - 바람 - 간, 담 질환 문제
> - 추위(냉) - 신장, 방광 질환 문제
> - 더위(열) - 심장, 소장 질환 문제
> - 습기 - 비장, 위장 질환 문제
> - 건조 - 폐, 대장 질환 문제

13 석물 및 비석의 위치

 석물과 비석은 묘의 부실한 허약체에 설치토록 한다. 주화(朱火)가 부실할 때는 석물을 크게 하며, 주화가 있을 때는 오히려 주변 사의 동조 에너지를 오히려 장애의 요인이 될 수 있으니 없는 것이 오히려 낫다. 또한 석물 설치로 인해 분계수나 명당수에 수(水) 에너지장 안정을 방해하지 않도록 주의한다.
 비석을 묘와 묘 사이에 비석을 둘 경우에는 묘와 비석 간에 이격거리를 충분히 둔다. 이는 물 빠짐을 용이토록 하여 시신에 피해가 없도록 하기 위함이다. 비석의 위치는 혈성이 없는 묘의 경우 파구 특성에 따라 혈판의 허약처에 설치하는 것을 기본으로 한다. 반대로 혈성이 완성된 좋은 터는 후부한 곳에 비석을 두도록 한다.

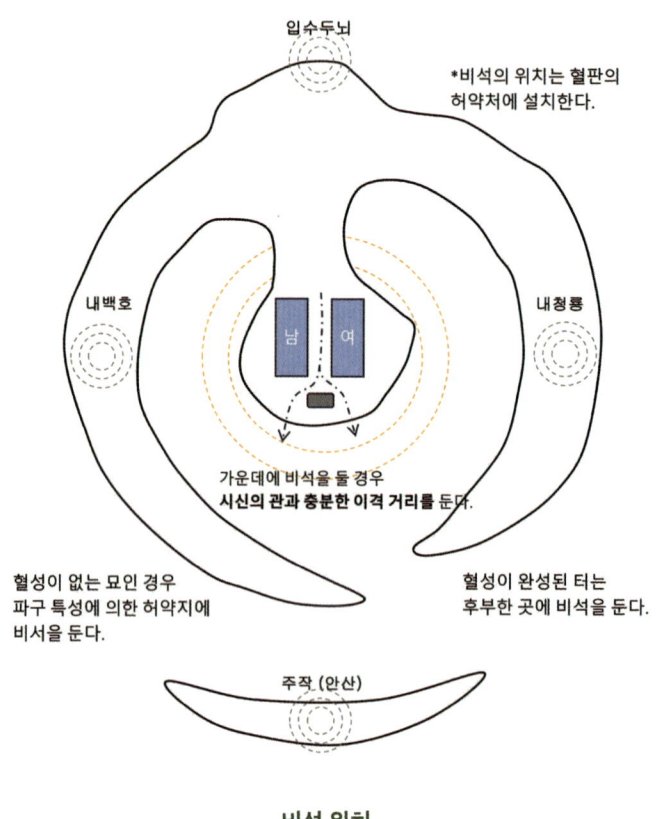

비석 위치

14 조상묘와 내 사주의 인과관계

조상묘가 나에게 미치는 풍수역학적 관계 및 내 사주 간의 인과관계는 다음과 같이 연관 지어 확인해 볼 수 있다.

1) 조상묘에 발생한 형, 충, 파, 해살이 후손에 발생하는 인과관계

- 형살(刑殺): 억울한 일이나 심한 경우 옥(獄)살이를 하는 살로 지각에 의해 발생한다.
- 충살(沖殺): 시신의 골과 뼈가 해를 입는 경우로 지룡, 요도에 의해 영향을 받는다. ⊕충(衝)과 달리 ⊖충(沖)은 직접적으로 묘터에 영향을 미치는 Suction과 같은 충으로 심한 경우 후손이 없거나 뇌성마비 아이가 태어날 수 있다.
- 파살(破殺): 지룡, 요도에 의한 바람과 물의 영향으로 해를 입는 것으로 혈장이나 묘터에 지질이 피육까지 깨질 경우 오장육부에 병이 발생한다.
- 해살(害殺) : 지각에 의한 바람과 물의 영향으로 혈장이나 묘터 표피에 해를 입을 경우에 나타나며 심할 경우 산이 무너지기까지 한다.

2) 조상묘에 발생한 원진살이 후손에 발생하는 인과관계

원진은 상대 관계에서 서로 뒤틀려서 나타나는 현상으로 인하여 조상 시신의 골조직에 미친 해(害)나 S자 무기룡(이혈령 비혈령)에 의해 원진살이 주로 발생한다. 현무와 주화 간의 원진인 경우 자미(子未), 축오(丑午), 사해(巳亥)의 인자가 내 사주에 나타나는데, 사해(巳亥)의 경우 대칭 인자이긴 하나 원진 기운도 포함하고 있다. 청룡과 백호 간의 원진인 경우에는 인유(寅酉), 묘신(卯申), 인신(寅申)의 인자가 내 사주에 발생하는데, 인신(寅申)은 대칭이지만 원진 기운을 포함하고 있다. 인유(寅酉)나 묘신(卯申) 원진이면서 둘 다 독거인 상태라면 청룡과 백호가 모두 관쇄하지 못하고 돌아간 것이다.

대칭 구조인 자오(子午), 묘유(卯酉)는 괜찮으며, 진술(辰戌)과 축미(丑未)는 원진 기운을 가지고 있으나 같은 동포(土)에 해당되어 원진살의 기운이 깨진다.

- 진해(辰亥) 원진 - 현무와 청룡 간 원진으로 진(辰) 또는 해(亥)가 반배(反背)할 때 발생한다.
- 사술(사술) 원진 - 주작과 백호 간 원진으로 주작이 감싸지 않고 돌아갈 때 발생하는 것으로 백호 어깨인 술(戌)이 함(陷)할 때 발생한다. 대부분 술(戌)이 문제일 때 발생하며, 간혹 사(巳)가 배주(背走)할 때도 발생한다.
- 신묘(申卯) 원진 - 백호에 위치한 신(申)이 돌아가거나 청룡에 위

치한 묘가 함할 때 발생한다.
- 자미(子未) 원진 - 주작에 위치한 미(未)가 돌아갈 때 발생한다.
- 축오(丑午) 원진 - 현무에 위치한 축(丑)이 돌아갈 때 발생한다.
- 인유(寅酉) 원진 - 청룡에 위치한 인(寅) 또는 백호에 위치한 유(酉)가 함하여 발생한다.

함(陷)은 산의 뒤가 죽었거나 깎였을 때를 뜻하며, 인(寅)이나 술(戌)의 함은 과맥처럼 푹 꺼져 있다.

3) 조상묘에 발생한 충살(衝殺)이 후손의 사주에 발생하는 인과관계

- 갑경(甲庚), 을신(乙辛), 병임(丙壬), 정계(丁癸)는 180도 충(衝)이다.
- 무기(戊己) 충(衝)은 90도 충으로 충살이 조금 약하다.

4) 조상묘의 천간(天干) 삼합 작용이 후손의 사주에 발생하는 인과관계

지지는 반합도 합이 되지만, 천간은 삼합이 되어야만 합이 된다. 천체는 거리(공간)가 넓기 때문에 삼합이 되어야 영향력이 작용된다.
- 경(계, 임)무(庚(癸, 壬)戊) 합수 - 입수돌이 동글동글하다. 땅이

단단하다. 자손의 머리골이 앞뒤로 동글동글하다.
- 갑(병, 정)무(甲(丙, 丁)戊) 합화 - 주화 지(地)가 단단하다. 턱, 하체가 강하다.
- 임을기(壬乙己) 합목 - 청룡 지(地)가 단단하다.
- 병신기(丙辛己) 합금 - 백호 지(地)가 단단하다.

5) 조상묘의 사신사 국(局)과 후손 사주와의 인과관계

- 사주의 년주는 외사신사 에너지장, 입수 내맥, 현수 에너지장과 관계한다.
- 사주의 월주는 내사신사 에너지장의 영향이 반영된다.
- 사주의 일주는 혈장 중심 에너지장의 영향을 받는다.
- 사주의 시주는 혈장 외곽의 동조 에너지장의 영향력이다.

만약 시주(時柱)에 미치는 선익의 영향력이 강하면 자(子), 인(寅), 진(辰), 오(午), 신(申), 술(戌)이 특출되며, 선익의 영향력이 약하거나 없으면 축(丑), 卯(묘), 미(未), 유(酉), 사(巳), 해(亥)가 시주 기운이 된다. 또한 사주에 천간 합만 있는 경우, 먼 조상의 산소만 좋은 경우이거나 국(局)은 좋으나 혈장을 제대로 사용하지 못한 경우이다.

15 풍수와 질병 기저관계

1) 뇌 신경질환

뇌 신경질환의 대표적인 질병은 뇌출혈로 여러 원인에 의해 혈관이 약해져 터지는 것이며, 뇌졸중은 뇌의 일부분에 혈액을 공급하는 혈관이 막히거나(뇌경색) 터짐(뇌출혈)으로 인하여 해당 부분의 뇌가 손상되는 신경학적 증상으로 중풍을 유발한다. 발생 원인은 과다한 음식 섭취로 인한 관리상의 문제로 태과적 발생 질환이며, 자기 근원적 문제로 비롯된 자기관리 부족에 의한 불급 발생 질환이기도 하다.

풍수에 의한 뇌출혈 발생 원인은 ① 현무가 약하고 반대로 안산(전순)이 강하여 균형 안정이 안 되는 경우 ② 내룡맥 및 혈장의 단조(斷組) 혹은 입력 에너지가 약하여 에너지가 일률적으로 못 들어오거나 끊겨서 들어오는 경우 ③ 단절맥인 요도, 사맥(死脈), 무기맥 위에 양음택지로 사용할 경우 발생한다.

2) 뇌전증(간질)

뇌전증의 임상적 원인은 임신 중 영양상태, 출산 시 합병증, 두부외상, 독성물질, 뇌 감염증, 종양, 뇌졸중, 뇌의 퇴행성 변화 등 다양하나 정확한 발생기전을 알 수 없는 경우도 많다. 대뇌에서 서로 연결된 신경세포들의 미세한 전기신호가 비정상적으로 방출되면 발작이 일어나는 질환이다.

풍수에 의한 뇌전증 발현은 혈장에 물과 바람의 피해로 조상의 시신 침범 정도에 따라 경중 증상이 달라지는데 심한 경우 후손 아이의 골심(骨芯)까지 영향을 미치게 되어 간질병을 유발시킨다. 그래서 경기를 자주하는 소아나 성인의 경우에는 유심히 살펴볼 필요가 있으며, 뇌출혈 가능성도 높다. 특히 풍한서습조열 중 묘터 내 풍과 습에 영향력이 가장 강하며, 양택에 있어서도 동일하게 작용하므로 팔요풍이 침범치 않도록 주의토록 한다.

피모 < 피육 < 육질 < 근육 < 근질 < 근골 < 골질 < 골심

풍수의 신체 침범 정도

3) 암

암은 인체 내 정상세포가 각종 원인에 의해 무제한 적으로 증식하는

조직 이상에 의해 해당 장기를 파괴하며 전이와 침윤 등으로 생명에 치명적인 악성종양으로 이 또한 태과와 불급에 의해 발생하는 여러 요인을 지닌 질환이다.

풍수에 의한 발생 기전도 여러 요인에 기인하는데, 대표적인 원인은 산의 형태 중 악룡이거나 병맥에 의해 산의 규격 질서가 불규칙적 조직일 경우 발생한다. 즉, 산의 품성인 성(性)과 질(質)이 완전치 못하고 조직적 결함을 가진 곳에 살거나 조상이 묻혀 있을 때 자손에게 나타난다. 이는 유전병에 해당되어 3~4대 후손으로 이어지는 상속인자화(相續因子化) 현상으로 발생한다. 특히 산의 조직이 불규칙적 집합에너지체 이거나 불완전 규격 에너지장일 때 혈심(穴心)조직에 이상 조직 현상이 나타난다.

(1) 골수암

골 이상 조직병으로 산 조직에 이상이 있는 경우나 산이 불규칙한 악룡에서 발병하며, 특히 입수에 문제가 있을 경우 발생한다. 신장과 방광병도 함께 동반하여 나타난다. 또한 혈맥에 바위가 아무 이유 없이 뿌리처럼 튀어나온 경우나 땅 조직의 이상적 변화가 있는 경우에도 발생한다. 예를 들면 현무암이 진행되다 갑자기 화강암이 나오는 경우 이상 현상으로 볼 수 있다.

(2) 혈암

혈장 내 물이 정체되어 썩거나 물에 유해한 광물질 같은 이상 물질이 정상 수치 이상으로 유입되는 경우 혈암이 발생하며, 신장과 방광 암도 혈암 내 포함된다. 묘터 주변 용맥을 따라 물이나 수맥에 병이 생기는 경우에도 발병한다.

(3) 근육암

오장육부에 발병하는 암으로 땅 조직에 돌이 섞여 나오거나 여러 종류의 돌들이 있는 경우 발병하며 사신사 국(局) 내에 위치에 따라 달리 발생한다.

① 신장, 방광암

현수 입수맥 조직, 입수두뇌 조직, 입혈맥 조직 등의 이상현상에 의해 발병하며, 주령(主灵)의 정신 의지가 무너져서 정신병도 함께 온다.

② 심장, 소장암

안산 및 전순 조직의 이상 현상, 전순 바위가 삐뚤게 들어오는 경우, 안산 쪽 바위가 찌르고 들어오는 경우, 안산의 결함으로 바람, 물이 피해가 있는 경우 발병한다.

③ 비장, 위장암

혈토 조직이 썩거나 이상 현상, 혈토에 돌칼 바위나 차돌박이(자갈)가 박혀 있는 경우, 혈장에 바람과 물 피해가 있는 경우 발병한다.

④ 폐, 대장암

백호 측 문제로 백호선익 조직 이상 현상 및 땅 조직의 질이 바뀐 경우 발병한다.

⑤ 간, 담암

청룡 측 문제로 청룡선익 조직 이상 현상 및 땅 조직의 질이 바뀐 경우 발병한다.

(4) 피모암

피육(皮肉)질에 이상조직이 발생하는 것으로 혈장 주변에 나무나 뿌리가 기형적으로 자라는 경우 발병한다.

제7장

풍수역학(風水易學) 원리

1 풍수역학(풍수사주)

 산을 느끼고 볼 줄 아는 시점에 이르면 풍수 원리로 사람을 볼 수 있는 단계에 이르게 된다. 자연과 인간은 천지인(天地人)의 관계인지라 산을 통하여 하늘과 땅의 이치를 깨닫게 되면 인간의 인연 관계에서도 같은 원리로 운명을 논하게 된다. 그래서 풍수를 궁구하는 풍수인들은 별도의 사주 공부를 하지 않아도 그 이치를 깨닫게 되는데, 그 원리가 바로 풍수역학론이다.
 인간은 본성(本性)의 명(命)을 가지고 태어난 생기체(生氣体)로 천지인(천체 에너지장 + 지기 에너지장 + 인간 에너지장)의 합성 동조 에너지체이므로 인간은 천지인의 자율의지인 영혼을 지니고 있기 때문이다. 그래서 조상묘의 좋고 나쁨에 따라 조상과 나와의 동조 사이클에 의해 영향력을 발휘하는데, 결과적으로 내가 태어나는 사주에 이미 작용을 하고 있음을 짐작케 한다. 그래서 조상 묘터와 내가 타고난 사주와 밀접한 인과(因果)관계를 가지고 있는 것이며, 역으로 내 사주를 통해 묘터에 어떤 문제를 지니고 있는지도 판단할 수 있다. 그 상관관계에 따라 어느 방향으로 접근하여 확인하든지 그 정확도는 99% 일치함을 확인할 수 있다.

1) 풍수역학 사주의 구성

① 연월일시의 시공간 에너지장으로 천체(태양) 에너지장 ↔ 지구 ↔ 달 에너지장의 상호 동조관계에 의해 형성된다.
② 사주 인자(因子) 동조의 간섭체인 형살, 충살, 파살, 해살, 원진은 지기의 영향을 받는다. 지기 에너지의 동기감응은 부모 조상의 묘(墓)인 음택과 연관되어 있다.
③ 타고난 사주의 개선과 쇠퇴 여부는 현재 살고 있는 양택의 동기감응 생명활동 에너지와 조상의 영혼 에너지와 관련된다.

2) 사주의 작용력

인간의 사주는 인간이 태어난 시점의 태양과 지구, 달의 상호 동조 및 간섭 에너지장의 영향을 받아 형성된다. 사주는 인간 생명활동 100% 중 25%의 시공간 에너지장에 해당되는 것으로 나머지 75%의 에너지장(영혼 인자, 종성 인자, 지기 동조 에너지 인자)과 인연 동조하여 결정된다.

풍수역학은 25%의 시공간 인자인 사주분석과 사주 외의 인과(因果) 관계(75%)를 함께 규명해 볼 수 있다.

- 동조 작용: 天地氣 음양합, 삼합(△合), 반합에 의해 길하게 작용

• 간섭 작용: 天地氣 형, 충, 파, 해, 원진살에 의해 흉하게 작용

3) 풍수와 풍역(風易)의 역학(力學)관계

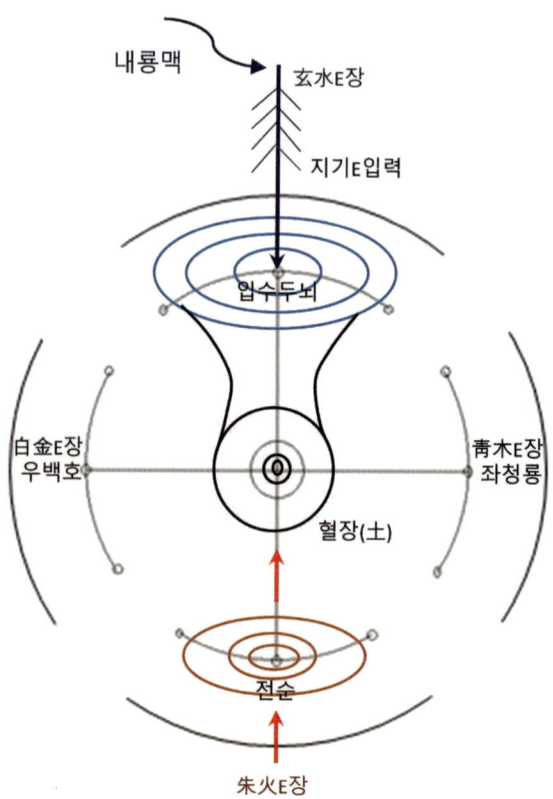

※ '제1장 혈장의 풍수적 지세(地勢) 관계'를 참조하여 함께 보도록 한다.

① 혈장은 40세 전의 선천(기(氣)⊕형성) 에너지 인자를 형성한다.
② 내룡맥은 40세 이후의 후천(혈(血)⊖형성) 에너지 인자를 형성한다.
③ 내룡맥이 살아 있는 맥으로 혈장에 들어오면 좌청룡, 우백호, 전순까지 만들어졌다고 볼 수 있다.
④ 단맥은 무기[無氣: 사맥(死脈)]맥이요, 두 개의 맥은 생(生)맥으로 혈장을 만들거나 기울어진 편맥, 병맥, 와혈이 만들어진다. 세 개의 맥은 유돌혈이 만들어진다.
⑤ 후천이 튼튼하면 내룡맥이 강하다는 것을 알 수 있다.
⑥ 내룡맥이 약하면 혈장 기운이 약해져서 후천 기운이 약하다.: 내룡맥이 10절 이후, 뒤틀리면 후천 기운이 약해진다.
⑦ 선천 기운에서 시주(時柱) 기운은 입수두뇌와 연관된다.
⑧ 선천의 년주(年柱), 월주(月柱)는 국형성(혈장 모양)으로 혈장의 폼(형태)이다. 일주, 시주는 혈장 내 알맹이로 혈장 내 짜임새이다. 즉, 입수두뇌가 좋아야 알맹이가 좋은 것이며, 전순이 좋아야 입수두뇌도 좋다.
⑨ 후천에는 시주(時柱)를 전순으로 본다. 좋지 않은 시주는 합이 없는 축(丑), 묘(卯), 미(未), 해(亥), 유(酉), 사(巳)이다.
⑩ 자자충(子自沖) 후, 오(午)로 가서 형, 충, 파, 해를 받는 것은 입수가 아예 끊어진 경우로 후손이 끊어진다.
⑪ 회충(回沖)시 자(子), 오(午) 모두 죽은 것이다.
- 규봉이 빗겨 현수를 친 경우
- 안산이 깨진 경우

- 규봉이 세게 친 경우
⑫ 묘목(卯木)이 유금(酉金)보다 현수 기운을 먼저 받는다. 청목이 현수 기능을 백금보다 잘 받는다. 즉, 白金이 주화 에너지장을 먼저 받는다.
⑬ 을(乙), 신(辛), 유(酉), 묘(卯) 특성
- 을(乙), 신(辛)은 객산이 멀리 있는 청룡, 백호 기운이다.
- 묘(卯), 유(酉)는 객산이나 천간보다 가까이 있는 백호, 청룡이다.

4) 타고난 운명과 묘(산소)터의 상관관계 계산법

사주는 내가 태어난 시점의 시공간 에너지장이다. 풍수역학은 인간이 태어난 시점의 연월일시에 내재된 태양·지구·달의 상호 동조/간섭 에너지장이 조상의 종성 인자와 산소의 지기 동조 에너지 인자와 어떻게 동조, 간섭하고 있는가를 분석할 수 있는 사주 계산법이다.

운명(運命)은 천지인(天地人) 합성 에너지장의 리듬(命의 흐름 현상) 특성이다. 이것을 살피는 것이 풍수역학의 주된 원리로 달을 중심으로 한 천지인 합성 동조장의 기질적 구조질서다. 월력은 몸과 마음을 보는 것으로 삼독심[三毒心: 탐심(탐내는 것), 진심(성내는 마음), 치심(어리석은 마음)]을 확인할 수 있다.

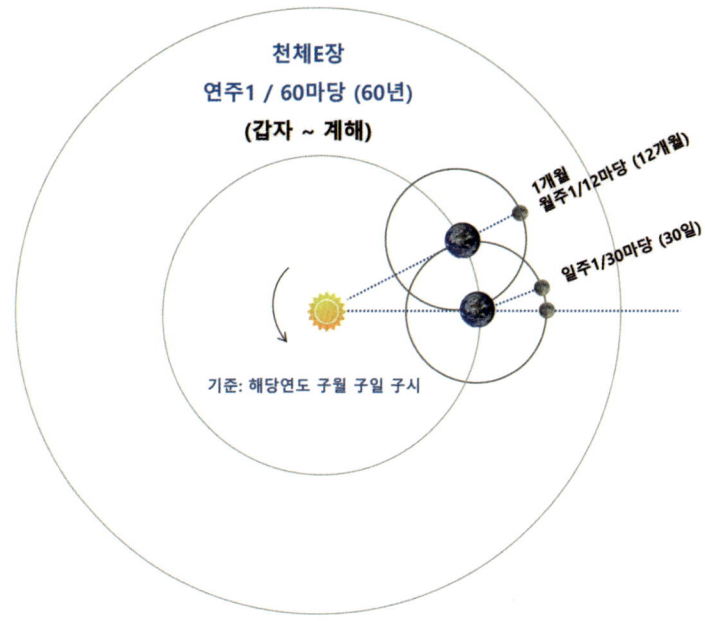

1년(360°) = 12개월(30° × 12마당): 실제 천체상(天體像)에선 우(右)선을 한다.

(1) 선천운 계산 기본 원리

- 태양 에너지장과 지구 에너지장을 분해한 명운으로 기골을 형성한다.
- 음력을 기준으로 태양 에너지장 365일을 지구가 움직인 거리 30일(30°)을 1마당으로 1년을 12등분하여 나누어진다. (1등분마다 30일간 좌선 회전 운동을 한다.)
- 에너지의 기초 에너지 각은 30°이다. $\theta = \angle 30° \times n$의 질서를 그려야 한다.
- 태양은 천체 에너지장을 대변한다. 지구와 제일 가까운 천체는

태양이기 때문이다. 이는 상대적인 것으로 우주에서 제일 가까운 태양을 천체 에너지장으로 본다.
- 태양, 지구, 달은 실제 우선으로 에너지 운동을 하나 미러(mirror) 효과에 의해 지구상 내에선 좌선으로 형성한다.

※ 풍수역을 계산하기 위한 기본상식: (기본 역학 조견표 참조)
① 천간과 지지의 60갑자 순서
② 형, 충, 파, 해, 원진살 관계
③ 합(음양합, 구조합)의 관계

예시 1) 음(陰). 신해년(辛亥年) 5월 6일 巳時

년(年) 조상 에너지장: 신해년(辛亥年)

월(月) 배우자, 형제 에너지장: 신해년(辛亥年)에서부터 좌선 다섯 마당 이동한 을묘월(乙卯月)

신(辛) → 임(壬) → 계(癸) → 갑(甲) → 을(乙)
해(亥) → 자(子) → 축(丑) → 인(寅) → 묘(卯)

일(日) 본인 에너지장: 을묘월(乙卯月)에서부터 좌선 여섯 마당 이동한 경신일(庚申日)

을(乙) → 병(丙) → 정(丁) → 무(戊) → 기(己) → 경(庚)

묘(卯) → 진(辰) → 사(巳) → 오(午) → 미(未) → 신(申)

시(時) 자녀, 결과 에너지장: 경신일(庚申日)에서부터 좌선 여섯 마당 이동한 을축시(乙丑時)

경(庚) → 신(辛) → 임(壬) → 계(癸) → 갑(甲) → 을(乙)
신(申) → 유(酉) → 술(戌) → 해(亥) → 자(子) → 축(丑)

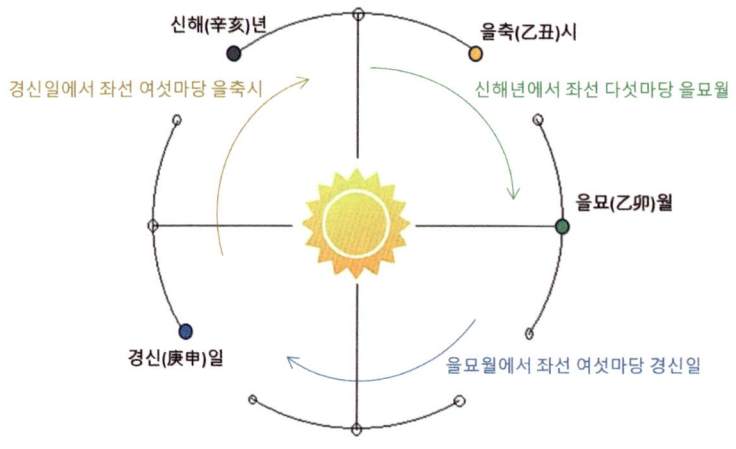

∴ 선천운:

時	日	月	年
乙丑	庚申	乙卯	辛亥

기본 풀이)
- 조상 묘터와 사주관계

- 년주의 기운은 신해(辛亥)로 조상묘의 현수(주산) 우측 기운이 나와 부모 간 인과관계로 작용한다.
- 월주의 기운은 을묘(乙卯)로 조상묘의 좌측 외청룡 기운이 나와 형제 및 배우자 간 인과관계로 작용한다.
- 일주의 기운은 경신(庚申)으로 조상묘의 우측 내백호 기운이 나의 직접적 주체기운에 인과관계로 작용한다.
- 시주의 기운은 을축(乙丑)으로 조상묘의 현수(주산) 좌측 기운이 나와 자녀 간 인과관계로 작용한다.

• 동조 및 간섭체 작용
  - 상대적으로 안산(주작)의 기운은 받지 못하여 안산 동조 작용력이 약하다.
  - 을묘(乙卯) 월주와 경신(庚申) 일주 간에 원진 간섭체 작용이 확인된다.
  - 신해(辛亥) 년주와 경신(庚申) 일주 간에 해살 간섭체 작용이 확인된다.
  신해(辛亥) 년주와 을묘(乙卯) 월주 간에 반합이 들어와 간섭체 작용력에 대한 피해를 막아 주는 동조 작용을 한다.

예시 2) **음(陰). 갑자년(甲子年) 9月 13日 신시(申時)**

년(年) 조상 에너지장: 갑자년(甲子年)

월(月) 배우자, 형제 에너지장: 갑자년(甲子年)에서부터 좌선 아홉 마당 이동한 임신월(壬申月)
　갑(甲) → 을(乙) → 병(丙) → 정(丁) → 무(戊) → 기(己) → 경(庚) → 신(辛) → 임(壬)
　자(子) → 축(丑) → 인(寅) → 묘(卯) → 진(辰) → 사(巳) → 오(午) → 미(未) → 신(申)

일(日) 본인 에너지장: 임신월(壬申月)에서부터 좌선 열세 마당 이동한 갑신일(甲申日)과 임신월(壬申月)이 충(沖)하여 대칭에 위치한 일곱 마당 이동한 경인일(庚寅日)
　임(壬) → … 천간 13마당 갑(甲)에서 지지충 하여 대칭한 반대편 경(庚)으로 이동
　신(申) → … 지지 13마당 신(申)에서 지지충 하여 대칭한 반대편 인(寅)으로 이동

시(時) 에너지장: 경신일(庚寅日)에서부터 좌선 아홉 마당 이동한 무술시(戊戌時)
　경(庚) → 신(辛) → 임(壬) → 계(癸) → 갑(甲) → 을(乙) → 병(丙) →

정(丁) → 무(戊)

인(寅) → 묘(卯) → 진(辰) → 사(巳) → 오(午) → 미(未) → 신(申) → 유(酉) → 술(戌)

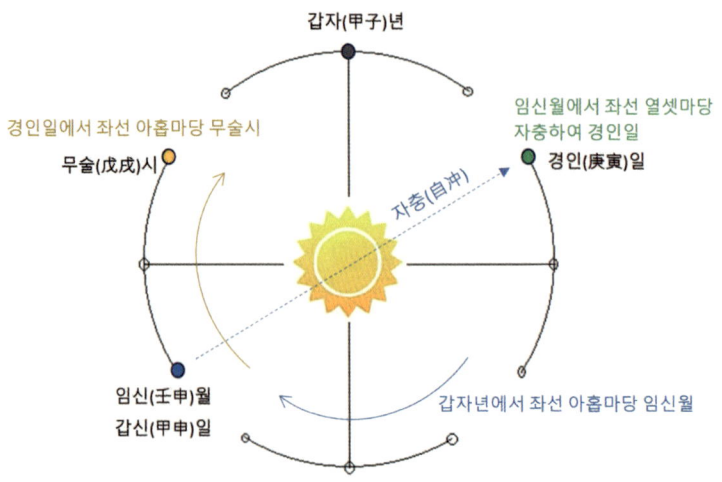

∴ 선천운:

時	日		月	年
戊戌	庚寅	甲申	壬申	甲子

기본 풀이)

- 조상 묘터와 사주관계
  - 년주의 기운은 갑자(甲子)로 조상묘의 현수(주산) 중심 기운이 나와 부모 간 인과관계로 작용한다.
  - 월주의 기운은 임신(壬申)으로 조상묘의 우측 내백호 기운이

나와 형제 및 배우자 간 인과관계로 작용한다.
- 일주의 기운은 경인(庚寅)으로 조상묘의 좌측 내청룡 기운이 나의 직접적 주체기운에 인과관계로 작용한다.
- 시주의 기운은 무술(戊戌)로 조상묘 우측 내백호 기운이 나와 자녀 간 인과관계로 작용한다.

- 동조 및 간섭체 작용
  - 상대적으로 안산(주작)의 기운은 받지 못하여 안산 동조 작용력이 약하다.
  - 임신(乙卯) 월주와 갑신(甲申) 간에 자충(自沖)이 되어 강력한 간섭체 작용이 확인된다.
  - 갑자(甲子) 년주와 임신(壬申) 일주 간에 반합이 형성되어 간섭체 작용력에 대한 피해를 막아 주는 동조 작용을 한다.
  - 경인(庚寅) 일주와 무술(戊戌) 시주 간에 반합이 들어와 상호 동조 작용을 한다.

(2) 후천 기질운

달 에너지장과 지구 에너지장을 분해한 명운으로 혈육(血肉)을 형성한다. 병소(질병)을 관찰하는 데 있어 후천운이 제일 정확하다.: 달과 인간과의 동조 에너지장 특성 구조이다.

- 후천운 분해는 음력을 기준으로 달 에너지장 30일을 12등분(2.5) 하여 계산한다.

일	1~3	4~6	7~8	9~11	12~13	14~16	17~18	19~21	22~23	24~26	27~28	29~31
등분	1	2	3	4	5	6	7	8	9	10	11	12

- 후천의 명운이 선천 명운을 간섭하면 운세가 좋지 않은 방향으로 변환된다.
- 명리는 출산을 기준으로 하며, 풍수역은 입태를 기준으로 한다.

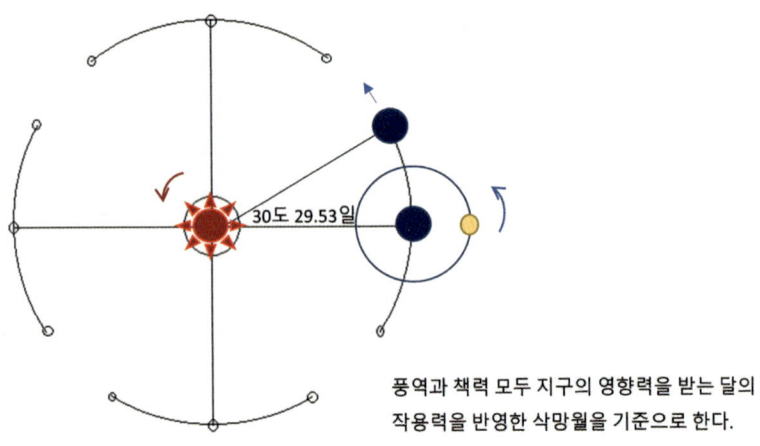

풍역과 책력 모두 지구의 영향력을 받는 달의 작용력을 반영한 삭망월을 기준으로 한다.

예시 1) 陰. 辛亥年 5月 6日 巳時

年에너지장: 辛亥年

月에너지장: 辛亥年에서부터 좌선 다섯 마당 이동한 乙卯月

신(辛) → 임(壬) → 계(癸) → 갑(甲) → 을(乙)

해(亥) → 자(子) → 축(丑) → 인(寅) → 묘(卯)

日에너지장: 乙卯月에서부터 좌선 두 마당 이동한 丙辰日

∴ 6÷2.5=2.4이므로 2등분(두 마당) 이동

을(乙) → 병(丙)

묘(卯) → 진(辰)

時에너지장: 丙辰日에서부터 좌선 여섯 마당 이동한 辛酉時

병(丙) → 정(丁) → 무(戊) → 기(己) → 경(庚) → 신(辛)

진(辰) → 사(巳) → 오(午) → 미(未) → 신(申) → 유(酉)

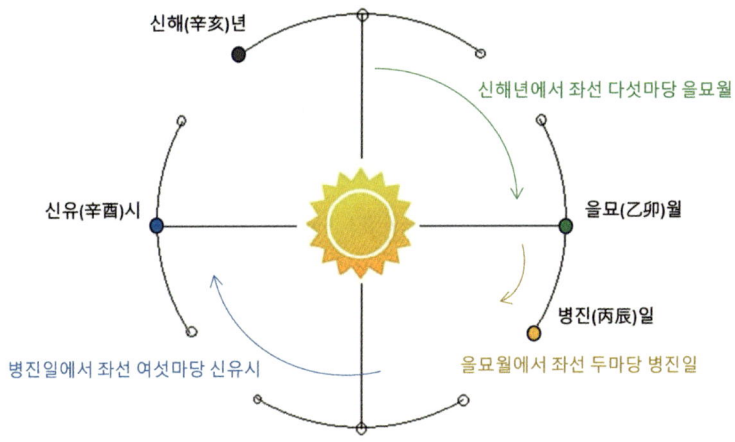

∴ 후천운:

時	日	月	年
辛酉	丙辰	乙卯	辛亥

기본 풀이)

- 조상 묘터와 사주관계
    - 년주의 기운은 신해(辛亥)로 조상묘의 현수(주산) 우측 기운이 나와 부모 간 인과관계로 작용한다.
    - 월주의 기운은 을묘(乙卯)로 조상묘의 좌측 외청룡 기운이 나와 형제 및 배우자 간 인과관계로 작용한다.
    - 일주의 기운은 병진(丙辰)으로 조상묘의 좌측 내청룡 하단 기운이 나의 직접적 주체기운에 인과관계로 작용한다.
    - 시주의 기운은 신유(辛酉)로 조상묘의 우측 외백호 기운이 나와 자녀 간 인과관계로 작용한다.

- 동조 및 간섭체 작용
    - 후천운 또한 상대적으로 안산(주작)의 기운은 받지 못하여 안산 동조 작용력이 약하다.
    - 병진(丙辰) 일주와 신해(辛亥) 년주 간에 원진 간섭체 작용이 확인된다.
    - 병진(丙辰) 일주와 을묘(乙卯) 월주 간에 해살 간섭체 작용이 확인된다.
    - 신해(辛亥) 년주와 을묘(乙卯) 월주 간에 반합이 들어와 간섭체

작용력에 대한 피해를 막아 주는 동조 작용을 한다.

- 병진(丙辰) 일주와 신유(辛酉) 시주 간에 음양합이 들어와 간섭체 작용력에 대한 피해를 막아 주는 동조 작용을 한다.

예시 2) 陰. 甲子年 9月 13日 申時

年에너지장: 甲子年

月에너지장: 甲子年에서부터 좌선 아홉 마당 이동한 壬申月

日에너지장: 壬申月에서부터 좌선 다섯 마당[13÷2.5=5.2로 5등분(다섯 마당)] 이동한 丙子日과 甲子年이 沖하여 대칭에 위치한 반대 자리로 이동하여 壬午日이 된다.

時에너지장: 壬午日에서부터 좌선 아홉 마당 이동한 庚寅時

∴ 후천운:

時	日	月	年
庚寅	壬午	丙子	壬申	甲子

기본 풀이)

- 조상 묘터와 사주관계
  - 년주의 기운은 갑자(甲子)로 조상묘의 현수(주산) 중심 기운이 나와 부모 간 인과관계로 작용한다.
  - 월주의 기운은 임신(壬申)으로 조상묘의 우측 내백호 하단 기운이 나와 형제 및 배우자 간 인과관계로 작용한다.
  - 일주의 기운은 임오(壬午)로 조상묘의 주작(안산) 기운이 나의 직접적 주체기운에 인과관계로 작용한다.
  - 시주의 기운은 경인(庚寅)으로 조상묘 좌측 내청룡 어깨 기운이 나와 자녀 간 인과관계로 작용한다.

- 동조 및 간섭체 작용
  - 갑자(甲子) 년주 기운이 자충을 받아 현수(주산) 기운이 크게 감쇠한다.
  - 갑자(甲子) 년주와 임신(壬申) 월주 간에 반합이 형성되어 갑자의 감쇠 기운이 안정을 취한다.
  - 임오(壬午) 일주와 경인(庚寅) 시주 간에 반합이 형성되어 나의 주체기운이 안정 동조화 작용을 한다.

※ 풍수역학에 대한 깊이 있는 연구를 하고자 한다면《풍수역학 원리 이해》책자를 별도로 참고토록 한다.

2 기본 역학 조견표

1) 10개의 천간(天干)과 12개의 지지(地支)

천간은 하늘의 기운을 10개로 구분한 것이며, 지지는 땅의 기운을 12개로 구분한 것이다.

천간: 갑(甲)·을(乙)·병(丙)·정(丁)·무(戊)·기(己)·경(庚)·신(辛)·임(壬)·계(癸)
지지: 자(子)·축(丑)·인(寅)·묘(卯)·진(辰)·사(巳)·오(午)·미(未)·신(申)·유(酉)·술(戌)·해(亥)

2) 육십갑자(六十甲子)의 윤회

하늘과 땅의 기운이 양은 양, 음은 음끼리 순차적으로 만나 60개의 간지(干支)로 결합한 것으로 수레바퀴가 돌듯 순환 반복적 윤회(輪廻)를 한다.

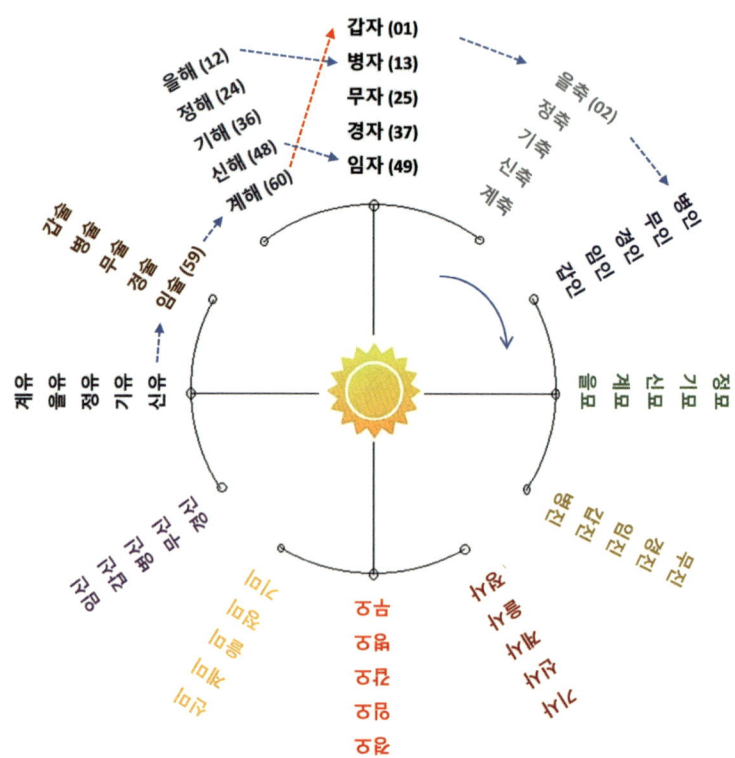

육십갑자 순환 구조

3) 지지 합과 간섭체 조견표

	子	丑	寅	卯	辰	巳	午	未	申	酉	戌	亥
자(子)		합		형	삼합		충	해	삼합	파		
축(丑)	합			파	삼합	해	충/형		삼합		형	
인(寅)						형/해	삼합		충/형		삼합	합/파
묘(卯)	형				해		파	삼합		충	합	삼합
진(辰)	삼합	파		해	자형				삼합	합	충	
사(巳)			삼합	형/해					합/파	삼합		충
오(午)	해	해	삼합	파			자형	합		삼합		
미(未)	해	충/형	삼합				합			파/형		삼합
신(申)	삼합		충/형		삼합	합/파						해
유(酉)	파	삼합		충	합	삼합			자형		해	
술(戌)		형	삼합	합	충		삼합	파/형		해		
해(亥)			합/파	삼합		충		삼합	해			자형

4) 천간지지 조견표

천간합	갑기-토	을경-금	병신-수	정임-목	무계-화	
천간충	갑경	을신	병임	정계		
삼합	해묘미	인오술	사유축	신자진		
방합	인묘진	사오미	신유술	해자축		
음양합	자축-토	인해-목	묘술-화	진유-금	사신-수	오미-無
삼형살	축술미	인사신	자묘			
육형살	인사	사신	인신	축술	술미	미축
자형살	진진	오오	유유	해해	자자	묘사
지지충	자오	축미	인신	묘유	진술	사해
파	자유	축진	인해	오묘	사신	미술
해	자미	축오	인사	묘진	신해	유술
원진	자미	축오	인유	묘신	진해	사술

제8장

응용 활용

1   수맥 및 석맥을 찾는 방법

　수맥 및 석맥은 나뭇가지, 엘로드, 추와 같은 주변 도구를 이용하여 위치를 찾고 그 특성에 따라 크기, 깊이, 용량, 흘러가는 방향 등을 찾을 수 있다.
　물론 관산법을 익혔다면 엘로드나 추를 사용하지 않고도 스스로 감지하고 인지할 수 있다. 그러나 초심자의 경우 엘로드를 사용하면 훨씬 확인이 용이하고 나의 에너지를 많이 집중시키지 않아도 되는 간편한 방법이라 할 수 있다. 연습 시에는 엘로드를 반드시 구입할 필요는 없으며 가정 내 손쉽게 구할 수 있는 세탁소 옷걸이를 펜치로 잘라 엘로드(ㄱ) 형태로 만들어 사용할 수 있다. 교외에선 주변에 버드나무가 있다면 긴 가지 하나를 잘라 두 손으로 잡고 탐사를 할 수 있다. 버드나무 가지에 기운이 느껴지면 상하 움직임을 통해 보다 용이하게 수맥 감지를 인지할 수 있는데, 엘로드보다 감지 반응이 빠르게 작용하여 수맥 확인이 용이하다.

1) 수맥 및 석맥 발생요인

　수맥 및 석맥파는 지하 깊숙한 곳에서부터 지표면 위로 방사되는 직선파로 인체 및 모든 물질에 유해한 파동이다.

발생요인
- 수맥파는 지층을 따라 맥상으로 생성된 지하수맥이 암석층을 지날 때 발생하는 파장이나 지자기가 지하수맥을 만나 교란되거나 증폭되어 수직으로 상승하는 파장이다.
- 석맥파는 지자기가 지층을 따라 맥상으로 띠를 이룬 석맥을 만나 교란되거나 증폭되어 수직으로 상승하는 파장이다.
- 지자기가 지하수맥이나 석맥을 만나 교란되거나 증폭되어 수직으로 상승하는 파장이다.
　지자기에 의해 발생한 수맥 및 지자기파는 극 저주파로 고층 아파트나 비행기가 날아다니는 고도 4,500m에서도 감지되는 직선파이다.

　지하에서 맥상으로 흐르는 수맥도 지질 구조에 따라서 다양한 방향으로 흐를 수 있으므로 탐사 시에도 이를 염두에 두고 잘 살펴보아야 한다.

2) 수맥 및 석맥의 영향

수맥은 길이가 길며 수량 및 유속에 따라 그 폭의 넓이가 넓고 깊이가 제각각이라 그 피해의 정도가 지역마다 상이하다. 수맥은 산 위에서 내려오기도 하며, 때론 요도맥이나 요도성 지각 등을 따라 산으로 올라가는 성향도 있다. 석맥은 수맥에 비해 상대적으로 길이나 폭이 짧거나 좁다. 수맥과 석맥의 피해 양상이 비슷하나 건강질환 발병에 있어선 수맥보다 석맥이 더 강한 파괴력을 가지고 있다.

발병질환
- 발병하는 해당 질병은 수맥 및 석맥 모두 유사하다.
- 뇌질환(악몽, 가위눌림, 간질, 불면증, 예민증, 신경쇠약, 어지럼증, 두통, 피로감, 발작, 우울증, 중풍, 뇌졸중, 뇌종양)
- 심혈관질환(신경통, 중풍, 고혈압, 협심증)
- 근육통(쥐와 같은 마비 증상, 관절통, 뼈 기형, 치아 기형으로 인한 잇몸질환)
- 모성건강(유산, 불임, 조산, 미숙아, 기형아, 저능아 출산)
- 아동건강(발육부진, 경기, 야뇨증, 몽유병)
- 각종 내분비계 종양발생

그 밖의 문제
- 건물의 부동침하에 의해 균열이 발생하여 건축물에 영향을 준다.

- 벽체에 가로 균열을 초래하여 안정성에 위험을 주거나 아파트의 경우 각 층 바닥에 동일 지점에 균열로 갈라지는 현상을 볼 수 있다.
- 전자기기의 IC와 같은 반도체, 콘덴서, 저항 등의 전자부품이나 정밀기계에 고장을 일으킬 수 있으며, 자동차의 경우 급발진이 발생할 수도 있다.
- 수맥파는 직선파의 파장으로 고층부 아파트에도 동일한 영향을 미친다.
- 동물과 곤충도 수맥이 있는 자리는 피한다. 고양이가 자는 곳이나 개미가 있는 자리를 수맥이 있는 곳으로 판단하기도 하나 실제는 전혀 연관성이 없다.
- 식물에게도 수맥의 영향을 미치며, 나무가 곧게 자라지 못하거나 성장에 저해되는 요인이 되어 높이 자라지 못하거나 과실수에 열매가 적게 열리게 된다.

3) 수맥 방지법

 수맥 에너지를 차단하거나 흡수하는 물질은 전혀 없다. 동판을 깔아도 일시적이며 결국 해당 위치 그대로 수맥 파장이 타고 올라온다. 그 외 수맥을 차단한다는 알루미늄, 은박지 모두 차단력이 없으며, 청색 계열 색상이 수맥파를 교란시킨다는 것도 전혀 관련 없는 내용이다. 오히려 차단제로 인한 수맥 파장의 강도가 2배로 커져 동판을 미설치하였을 때보다 직선파의 영향을 더 받게 되는 결과를 초래하게 된다. 동판으로 차단될 정도의 수맥파의 영향력이라면 인체에도 큰 영향을 미치지 않는다.

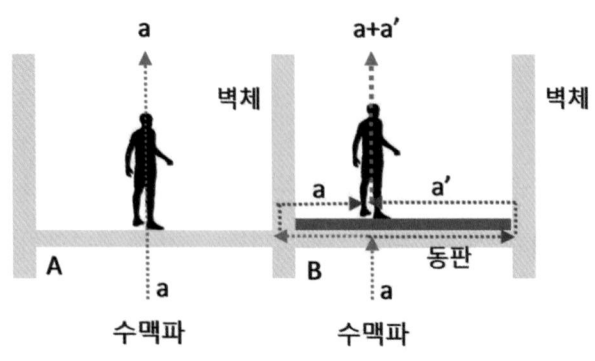

수맥파 차단 효과

4) 엘로드를 사용한 수맥과 석맥 찾는 법

수직으로 상승하는 수맥파 및 석맥파의 에너지를 발바닥의 용천혈을 통해 탐사도구인 엘로드 또는 탐사 추를 통하여 측정하는 원리이다.

(1) 수맥 및 석맥은 수직 상승하는 파장임을 이해하고 파장을 감지할 수 있도록 집중을 해야 한다. 처음 할 때는 잘 안 될 수 있으므로 최소 수 일 동안 연습을 해야 한다는 마음으로 접근해야 한다. 또한 땅속에는 수맥 및 석맥 파장 외에 여러 유형의 파장이 있기 때문에 오인할

수 있다. 그중에서도 유해 파장인 수맥과 석맥 파장을 분별하는 것이며, 처음에는 두 개 파장 모두 인지하기 어려우니 수맥 파장만을 우선 익히는데 중점을 둔다.

(2) 수맥이 있는 곳을 지날 때 발바닥의 용천혈을 통해 수맥파의 기운을 감지하게 되면 엘로드가 반응하는데 처음에는 수맥 파장이 어떤 에너지 기운을 가지고 있는지를 파악하는 연습에 중점을 둔다. 그러나 수맥파를 인지한 상태에서 장시간 노출되면 위험하므로 인지 상태에서는 그 기운을 계속 느끼지 말고 멈추는 습관을 가져야 한다.

- 모든 물체에는 고유의 기나 파장이 발생하는데, 그중 수맥파에서 발산되는 파동에너지가 반응하도록 감지하는 것이다.
  수맥파를 처음 접했을 때 어지럼증이 동반할 수 있으니 주의한다.
- 수맥 파동에너지와 내가 동기감응에 의해 탐지되는 것으로 오랜 시간 감지를 하거나 잦은 감지는 인체에 영향을 미칠 수 있으니 주의토록 한다.
- 감각이 예민한 경우에는 파장을 잘 선별해야 하며, 감각이 둔한 경우에는 끊임없는 노력과 인내심을 갖고 연습을 해야 한다. 그러나 한 번 연습할 때는 체질에 따라 5~10분 이상 지속하지 않도록 한다. 수맥파는 일반적인 생활환경에서 느끼는 기운과 상이하다. 어지럼증을 동반하기도 하고 무겁고 기분 나쁜 차가움을 느끼거나 몸을 움츠러들게 하는 느낌을 받을 수 있다. 그러나 그 파장의 기운

을 말로 표현하기에는 어려움이 있고 개인의 체질적 특성 및 느끼는 정도에 따라 다소 다르게 인지될 수 있으니 그 차이를 잘 감별할 수 있도록 연습을 해야 한다.

5) 엘로드 사용법 익히기

① 엘로드 손잡이를 잡을 때는 자연스럽게 감싸 주먹을 쥐도록 한다.
② 양팔꿈치는 자연스럽게 허리에 갖다 대며, 힘을 주어 허리춤에 붙이거나 의식적으로 간격을 벌리지 않도록 한다.
③ 엘로드를 잡은 왼손과 오른손의 간격은 어깨 넓이로 하며, 양어깨는 힘이 들어가지 않도록 주의한다.

 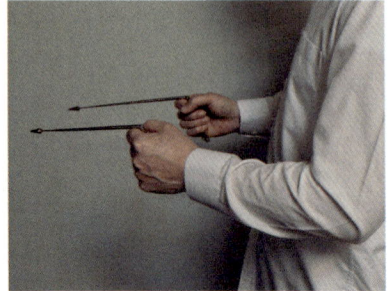

엘로드 잡는 자세

④ 손잡이와 봉 끝의 각도는 10°~15° 정도 기울임 정도에서 편안한 각도로 정한다.

(처음 엘로드를 사용하는 경우 가볍게 쥔 상태로 우선 걷는 자세를 연습토록 한다.)

⑤ 땅속의 수맥을 인지하면 엘로드가 반응할 수 있도록 내 기운과 엘로드를 하나로 일체시켜야 하며, 처음 할 시에는 땅의 기운과 마음으로 대화하며 물어보는 방법이 가장 용이한 방법 중 하나다. 예) 수맥이 있습니까?

※ 엘로드가 감지하는 것이 아니라 나의 발바닥에 위치한 용천혈을 통해 감지가 된 것이 엘로드에 전달되어 작용하게 되는 원리가 주 포인트다.

⑥ 계속 질문을 던지다 보면 수맥파가 있는 쪽으로 몸이 움직이며, 해당 위치에 도달했을 때, 엘로드가 ×자로 교차한다. 처음 연습할 때는 한 발자국씩 위치를 옮기며 실시한다.

⑦ 주의할 점은 수맥이 흘러가는 방향과 엘로드 방향이 같은 동일선상이면 엘로드는 작동하지 않는다. 반대로 수맥이 흘러가는 방향을 거슬러 올라가면 엘로드는 ×로 교차하며, 그 흐름의 동선을

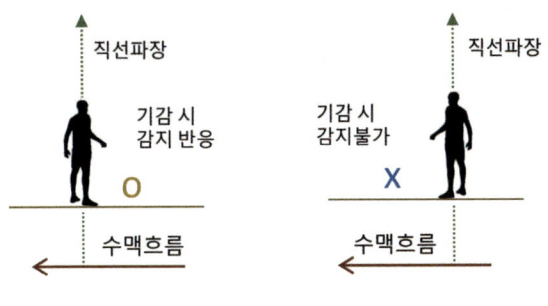

수맥 감지

파악할 수 있다. 즉, 엘로드가 교차한 앞쪽이 수맥이 나를 향해 흐르는 방향이다.

⑧ 앞선 ⑦과정이 익숙해지면, 수맥의 영향권과 수맥의 폭을 측정할 수 있다. 엘로드로 수맥의 폭을 측정 시에는 내가 발을 딛은 위치에서 수맥이 나를 향해 흐르는 방향의 좌우 폭을 측정하는 것으로 좌, 우로 발의 폭만큼 조금씩 옮겨가며 × 교차 여부를 확인하여 그 넓이만큼 수맥의 폭을 확인한다.

⑨ 엘로드 사용이 익숙해지면 관법(觀法)을 통해 엘로드 사용 없이도 측정자 스스로 기감을 통해 감지할 수 있는 경지에 오를 수 있는 노력이 필요하며, 수년간에 걸친 경험이 필요하다. 이 또한 발바닥 용천혈을 통해 감지를 하는 것이며, 손은 기감을 전달받는 역할을 한다.

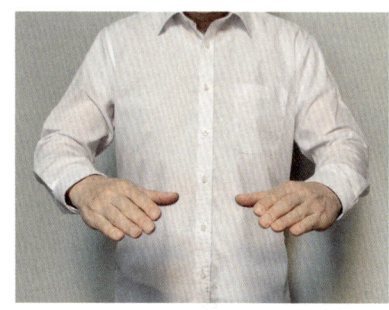 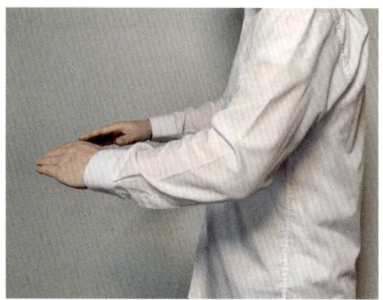

기감 자세

> **Tip**
> ◆ 엘로드 및 추는 타인과 공유할 경우 기감이 혼재되어 측정을 못하는 전(前) 단계로 회귀할 수 있으니 주의토록 하며, 절대 타인의 것을 빌려 달라는 실례를 범하지 않도록 한다.

6) 추 사용 방법

일반적으로 추는 엘로드에 비하여 숙달되는 속도가 일반적으로 늦으므로 엘로드를 충분히 연습하고 기감이 느껴지는 시점에 연습하는 것을 권장한다.

봉추 잡는 방법

① 다리의 폭은 어깨 넓이와 비슷하도록 하고 몸 전체 및 양어깨에 힘이 들어가지 않도록 한다.
② 엄지와 검지로 추의 끈을 가볍게 쥐고 팔 역시 힘이 들어가지 않도록 한다.

③ 팔꿈치는 가볍게 굽히는 자세를 취한다. 이와 달리 팔을 펴서 아래로 내려뜨려 하는 방법도 있으니 편한 방법을 취하도록 한다.
④ 추의 길이는 15~18cm 내외가 적당하다.
⑤ 추의 수맥을 느끼는 반응은 엘로드에 비해 천천히 반응이 온다. 수맥의 위치 및 방향 확인도 가능하지만, 그보단 수맥의 수량 및 유속, 깊이 등을 확인하는 데 더 유용하다.
⑥ 엘로드와 마찬가지로 땅속의 수맥을 인지하면 엘로드가 반응할 수 있도록 나의 기운과 추를 하나로 일체시켜야 하며, 수맥이 있으면 추가 움직이라는 물음을 나 자신에게 한다.
예) 수맥이 있습니까?

✓ 수맥의 물량 측정

수맥의 수량을 알고 싶다면 마음속으로 1톤은 한 바퀴로 암시하고 수맥의 위치에서 다음과 같이 질문을 한다.
예) 수맥의 수량은 어느 정도인가?
질문을 하고 추가 자동으로 돌아가는 시점에 숫자를 세어 5바퀴를 돌았다면 5톤에 해당한다.

✓ 수맥의 깊이 측정

수맥의 깊이를 알고 싶다면 마음속으로 1미터는 한 바퀴로 암시하고 수맥의 위치에서 다음과 같이 질문을 한다.
예) 수맥의 깊이는 어느 정도인가요?

질문을 하고 추가 자동으로 돌아가는 시점에 숫자를 세어 15바퀴를 돌았다면 15미터에 해당한다.

⑦ 추는 반응 형태에 따라 원을 그리며 돌아갈 수도 있고 전후 또는 좌우로 흔들릴 수도 있으니 개인마다 움직이는 성향에 따라 그대로 적용한다.
⑧ 수맥의 폭이나 흐르는 방향 측정은 엘로드의 원리 이치가 모두 동일하다.

수맥을 찾는 방법은 한번에 습득되지 않는 경우가 많으므로 인내와 노력으로 하나씩 익혀 나가도록 한다.

2 매장 묘 모시는 방법(천광 과정)

음택은 일반적으로 매장묘를 칭하며 천광(穿壙: 시신을 묻을 구덩이를 파서 묘의 광중(壙中)을 만드는 것)을 하는 과정은 다음과 같다. 합장묘인 경우에도 동일하게 적용된다.

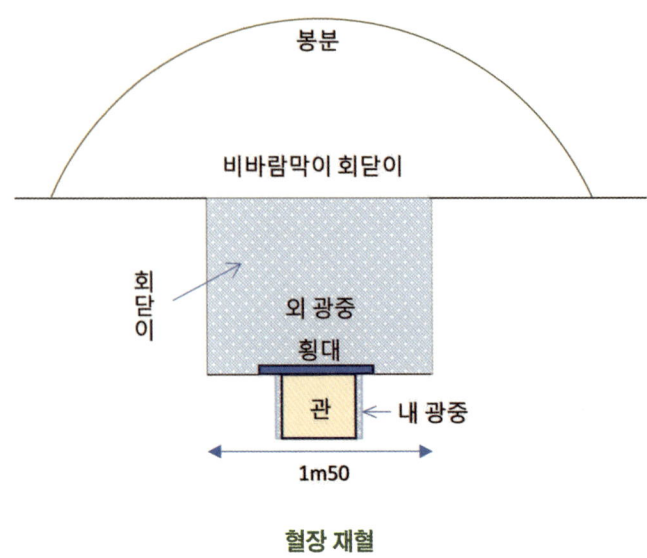

혈장 재혈

1) 혈장에 터잡기를 한다

① 만약 사신사가 구비된 곳이 아닌 경우에는 진혈지가 아니라서 겉 흙 속에는 모래나 자갈 등이 섞여 있음을 확인할 수 있다.
② 가묘 및 파묘를 했던 자리라면 다시 재혈을 하기 위한 천광준비를 하도록 한다.
③ 필요 물품을 사전 준비한다. (패철, 제초기, 삽, 곡갱이, 괭이, 톱, 손도끼, 낫, 가래, 망치, 목장갑 등)

2) 장지(葬地)에서 천광을 위한 터파기를 한다

① 천광할 자리의 나무와 뿌리 등과 함께 주변의 낙엽, 잡초, 초목을 모두 제거한다.
② 표피층의 흙을 걷어 낸다. 표피층에는 썩은 낙엽과 벌레들이 포

터파기 작업

함되어 있어 이를 제대로 걷어 내지 않으면 광중으로 물이 스며들거나 해충이 침범할 수 있다.
③ 표피층을 모두 걷어 내고 생토가 나오는 지점부터 천광을 하도록 한다.

3) 천광을 작업을 한다

① 혈토인 경우 위의 생토와 달리 견윤한 기운의 색상이 밝게 보인다.
② 혈토라고 해서 모두 오색비토(석비례)의 흙은 아니며, 혈토가 있다 하여 모든 자리가 혈처는 아니다. 다만 혈토는 무르지 않으며, 흙이 견윤하고 삽 보다는 곡괭이를 사용해야 작업이 용이할 정도의 단단함을 보인다.

천광 작업

4) 천광의 깊이를 신중히 고려한다

흙의 색과 혈심(穴深: 천심)을 살펴 어느 정도 깊이의 천광을 할지를 판단토록 한다. 작업과정이 힘들기 때문에 인부들이 깊게 파지 않으려는 경우가 많으므로 지관은 소신껏 결정토록 한다.

나문(능사)

외광

① 광중을 다듬으며 혈토층을 천광해서 들어가면 혈을 싸고 있는 껍질이 벗겨지듯 나문(羅紋: 능사) 형태의 혈토 결이 보인다. 무늬가 마치 비단결 같다 하여 붙여진 이름이다. 만약 나문이 보인다면 보기 드문 진혈의 증거로 볼 수 있다.
② 혈심의 깊이는 혈의 대소와 지질에 따라 각기 다르며, 그 깊이는 산이 높을수록 깊은데 약 150~180cm 정도이다.
③ 전체 외광을 파낸 흙은 보관하며, 광 내부를 평평하게 다지되 머리 위치는 살짝 높게 한다.
④ 외광이 완성되면 내광 본뜨기 작업을 하여 내광을 판다. 혈심의

상하를 정하되 정심(正深)보다 1척(尺: 약30cm)만 깊어도 용이 상하고 반대로 얕으면 맥이 그 밑으로 지나가므로 내광의 중심지점에서 상하좌우로 혈심이 벗어나지 않도록 주의해야 한다.

⑤ 재혈에 있어서 가장 중요한 것이 천광이며, 정혈을 만나 혈심에 천심이 정확하게 천광을 하는 것이 풍수인의 관법(觀法)이자 최고의 경지라 할 수 있다.

내광 작업

5) 미리 준비해 둔 생석회로 회 섞기를 준비한다(회닫이)

① 천광이 완료된 광중에 생석회와 혈토를 1:3~5 비율로 섞어 물로 개어 1일 동안 재워 둔 후 사용한다.
② 추후 합장을 해야 하는 경우 2개의 내광을 판다.
③ 추후 합장 시 주의사항: 한번 팠던 땅은 아무리 혈토라 하여도 목근(나무의 뿌리)과 건수(우천시 괴는 물)의 침투를 막아 내기 어

럽다. 그래서 합장을 위한 파묘 시엔 철저한 건수와 목근이 들 수 없도록 장법에 신경을 써야 한다.

내광 작업 틀

합장 작업

6) 시신 모시기

① 좌향과 분금을 놓아 고정을 한다.
② 하관을 하고 횡대를 덮는다.
③ 추후 모실 자리는 내광에 혈토를 채운 채로 광중을 메운다.
④ 내광에서 파냈던 혈토로 충광 한다.
⑤ 외광은 회닫이 한 흙으로 채운다.

7) 봉분 만들기

① 봉분은 묘의 규모에 맞게 높이와 크기를 적당히 하여 회단이 한 흙으로 덮개를 한다. 비율은 생석회와 마사토를 1:5~6의 비율로 하며, 봉분 각도는 평균 ∠60°로 하여 바람이 직접 봉분을 치지 않고 비켜 나가도록 한다.

봉분 만들기 및 지석 세우기

8) 지석 세우기

만약 잡은 터가 부실한 위치가 있다면 해당되는 쪽으로 지석을 세워도 된다.

① 묘앞 상석(床石)을 놓을 때 묘 앞을 파고 밑받침을 놓지 않도록 한다. 비가 올 때 마다 묘 속으로 빗물이 스며들 수 있다.

② 둘레석은 보기에 좋을 수 있으나 빗물 침범의 주 요인이므로 회 닫이를 한 후에 설치토록 하며, 가급적 하지 않는 것이 좋다.

9) 그 외 고려사항

① 봉분 주변에 나무를 심지 않도록 한다. 나무의 길이만큼 뿌리의 길이도 같으며, 나무뿌리가 유골에 침범하여 감기게 되면 자손에게까지 나쁜 영향을 미친다.
② 봉분 주변을 잘못 건드리거나 상석, 둘레석, 목근 등으로 인해 물과 바람이 시신에 침범하면 해당 부위에 따라 정신질환, 신경통, 암, 고혈압, 당뇨, 신부전 등 각종 질환이 자손들에게 엄습해 온다.
③ 반면 흉지에 있는 경우에는 반드시 이장을 해야 하며, 잘못된 인식과 종교적 관습으로 무조건 손대지 못하도록 하는 것도 올바르지 못하다. 다만 최악 흉지에 30년에 이상 있었을 경우 시신 및 유골의 상태에 따라 이장을 하여도 효과가 없을 수 있으니 관법을 통해 시신의 상태를 확인한다. 여하튼 시신이 수맥, 석맥, 요도 등의 위치에 있는 경우, 혹은 물이나 진흙 속에 묻혀 있거나 나무뿌리에 감겨 고통을 받는 등 각종 염(炎)과 벌레의 영향, 뇌골 속 모염(毛炎)의 발생 등이 영향을 미치고 있을 때는 **빠른** 조치가 자손의 도리이다.
④ 파묘하여 이장 시에는 남아 있는 유골이 없도록 세심한 주의를

기하며, 이장 전 묘터에도 유골에 의한 남아 있는 에너지가 있을 수 있으므로 물과 바람이 들어가지 않도록 마무리해야 한다.

⑤ 이장을 할 때에는 유골의 위치가 하나라도 배열되어 있지 않으면 그 부위의 에너지가 불균형을 이뤄 자손의 해당하는 신체 부위에 이상을 초래할 수 있으니 각별히 주의토록 한다.

> **Tip**
>
> **묘터 문제 시 발병질환**
> - 혈장에 물이 들어가면 토병 발생 - 습암(위암, 피부암, 육질암, 식도암)
> - 바위가 시신 옆구리에 들었을 때 금병 발생 - 종양, 기가 막힘, 폐·신장·방광에 발병
> - 혈이 막히면 유방암 발생, 기(氣)색과 혈(血)색이 좋지 않음
> - 180° 급강하 지역에 묘지나 양택을 쓰면 장손이 심장마비로 끊긴다.
>
> **이장 시 유의사항**
> - 유골이 다 없어졌더라도 두골이 남아 있으면 옮기도록 한다.
> - 이장 대상이 오래되어 그 기운이 소진되면 이장 효과가 없다.
> - 젊을 때 돌아가신 조상을 먼저 이장해라.(기가 가장 왕성)
> - 먼 조상보다 가까운 조상부터 이장시킨다.
>
> **초장과 이장**
> - 초장은 자리에 따라 발복 시기가 다르다. 반면 이장은 혈핵이 좋은 금시발복 자리이면 바로 발복된다. 그러나 이장을 하여도 전 장소의 터 영향을 많이 받는다. 나쁜 영향을 지니고 간다는 의미다. 기존 자리 사용 연한도 중요하다. 나쁜 자리에서 30년 이상 있었다면 이장을 해도 발복 효과가 없을 수 있다. 이는 시신이

간섭 작용에 의해 어느 정도 영향을 받았는지를 잘 살펴보아야 하므로 파묘 전 시신의 상태를 관법으로 읽어 내야 한다.

발복(운이 트이는 시기)
- 전순이 가까우면 사회적 발복이 빠르다.
- 입수두뇌가 좋으면 발복이 제일 빠르며, 그중 건강 발복이 빠르다.
- 청백은 아들 발복이다.
- 안산 발복은 단 발복이며, 막내 발복이다. 다른 발복에 비해 10%정도의 영향을 받는다.
- 이장은 새 혈장의 영향에 따라 동조화 및 순화(純化: 기존 복잡하였던 일들이 풀어짐)와 순화(醇化: 잡스러운 일이 걸러짐)가 된다.
- 혈장은 시간적으로 정지 특성을 갖고 있기 때문에 혈장에서는 지속적으로 에너지를 발산시켜 준다.

3   납골묘 모시는 방법

평토장(平土葬) 및 수목장(樹木葬)법에 적용되는 장법(葬法)이다.

풍수지리는 매장을 원칙으로 하나 시대의 변화에 따라 시신을 화장하여 납골을 하는 것이 추세이므로 매장묘의 대안으로 납골을 위한 평토장과 수목장법에 대해 설명코자 하며 그 과정은 둘 다 동일하다.

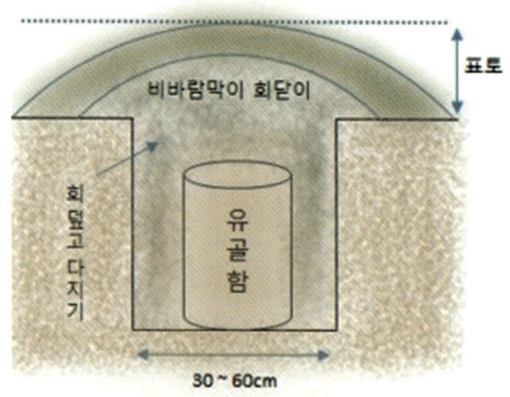

평토장

1) 터 잡기를 하되 일반 음택과 마찬가지로 사신사가 구비된 혈장이어야 한다

2) 유골함을 넣을 터파기를 한다

① 먼저 표토를 긁어낸 다음.
② 맥근토가 나오도록 깊이를 60cm이상 판다.
 - 단장(單葬)일 때는 직경 30cm가 되도록 둥글게 판다.
 - 쌍장(双葬)일 때는 단장의 두 배가 되도록 판다.

3) 미리 준비해 둔 생석회로 혈토와 함께 회섞기를 준비한다

① 터 파기 할 때 나온 속흙에 생석회 10~20kg을 함께 골고루 섞어서 한편에 둔다.
② 바닥에 회 섞기 한 흙을 바닥에 까는 경우와 그대로 땅의 생기를 취할 수 있도록 하는 두 가지의 방식이 있을 수 있다.
③ 유골을 모시는 함은 환원이 용이하도록 토기 재질이 좋으며, 주문 제작한 나무틀을 이용할 수 도 있다.
④ 좌향과 분금을 놓아 고정을 한다.

4) 유골함 모시기: 회 섞기가 끝나면 광중 깊이 60cm성토에 유골함을 한가운데 놓는다

① 유골은 가급적 원골이어야 한다.
② 만약 혈장이 아닌 땅이라면 숯을 준비해 깐 다음 숯 위에 혈토를 절반 정도 채우고 유골함을 모시는 방법을 취하기도 한다. 그러나 혈장에 모시는 것이 납골 방법의 원칙이다.
③ 별도로 제작한 나무틀에 모신다면 틀 가운데에 혈토를 채워 우묵하게 하여 자리를 만든다.

유골함 터파기

5) 유골함 덮기

① 유골함 안치가 끝나면 그 유골함 주변을 잘 섞은 회 배합토로 꼭꼭 눌러 가며 채운다.

② 나무틀을 사용한다면
　- 만들어진 회곽 안에 유골을 한지에 싸서 하장을 하고 혈토로 채운다.
　- 횡대를 덮어 횟가루가 납골함에 들어가지 않게 한다.
　- 생석회를 비벼 회곽을 만든다.

유골함 횡대 덮기

6) 표토(表土) 덮기

유골함 덮기가 끝나면 유골함 상부로 빗물이나 바람, 나무뿌리가 들어가지 않도록 광중 둘레보다 더 넓고 높게 덮고 단단하게 다져 준다.

> **Tip**
>
> - 환원과 산화
>   - 환원: 원래의 원소로 돌아가는 현상(자손 에너지장 증폭)
>   - 산화: 질소, 수소, 산소에 의해서 산화되는 현상(자손 에너지장이 부서진다)
> - 반드시 사람의 유골은 환원이 되어야 한다.
> - 유골함은 유약을 바르지 않은 옹기류로 가급적 황토구이를 한 함이 좋다.
> - 령의 거처는 망자 자신의 시신인데, 불가피하게 화장을 하였더라도 령의 거처를 찾을 수 있도록 함이 중요하다. 유골을 절대 산천에 뿌리지 말고 유골함에 모셔 평토장을 하도록 한다.

참고문헌

황영웅,『풍수원리강론 1』, 북코리아, 2021
황영웅,『풍수원리강론 2』, 북코리아, 2021
황영웅,『풍수원리강론 3』, 북코리아, 2021
황영웅,『풍수원리강론 4』, 북코리아, 2021
황영웅,『풍수원리강론 5』, 북코리아, 2021
박재희,『풍수역학 원리이해』, 좋은땅, 2024
박재희,『풍수로가 인체건강에 미치는 영향』, 경기대 석사학위논문, 2007
박재희,『서울 궁궐의 풍수지리 분석과 문화콘텐츠 활용방안에 관한 연구』, 건국대 박사학위논문, 2017
박재희, 황영웅,「국립서울현충원의 풍수지리적 고찰」,『중앙사론』, 제41집, 2015
박재희, 김기덕,「창덕궁의 풍수지리적 입지분석 연구」,『중앙사론』, 제43집, 2016

풍수지리학
실전 원리

ⓒ 박재희, 2024

초판 1쇄 발행 2024년 10월 9일

지은이	박재희
펴낸이	이기봉
편집	좋은땅 편집팀
펴낸곳	도서출판 좋은땅
주소	서울특별시 마포구 양화로12길 26 지월드빌딩 (서교동 395-7)
전화	02)374-8616~7
팩스	02)374-8614
이메일	gworldbook@naver.com
홈페이지	www.g-world.co.kr

ISBN 979-11-388-3547-3 (03180)

- 가격은 뒤표지에 있습니다.
- 이 책은 저작권법에 의하여 보호를 받는 저작물이므로 무단 전재와 복제를 금합니다.
- 파본은 구입하신 서점에서 교환해 드립니다.